기능성 및
효능에 관한
특허자료
수록

면역력 증진을 위한
기능성 버섯요리

- 조리 | 한준섭 대한민국 조리명장
  심기현 숙명여자대학교 교수
- 논문·특허자료 | 박기문 교수
- 버섯 분류 | 석순자 박사
- 원고 | 장현유 교수·이송화

푸른행복

mushroom story

책머리에

　버섯은 자연계에서 동물도 식물도 아닌 미생물류에 속하지만 또 한편으로 채소류와 같이 무기질이 풍부하고 육류와 같이 단백질이 적절히 포함되어 있으면서 열량도 낮아서 흔히 '만능식품'으로 불리고 있습니다. 또한 현대인의 식탁에 채소처럼 자주 이용되고 식용과 약용으로서의 효능을 동시에 발휘함으로써 웰빙 트렌드의 현대인들에게 특히 유용하다고 할 것입니다.

　대부분의 식용 및 약용버섯에는 항종양과 면역조절 물질이 함유되어 있으며 이 밖에도 노화 억제, 신체리듬 조절, 질병 예방과 회복을 돕는 성분이 함유되어 성인병 예방과 항암 작용 등에서 탁월한 효능을 인정받고 있습니다.

　이 책은 식용버섯으로 널리 이용되고 있는 느타리, 새송이, 양송이, 팽이, 표고, 노루궁뎅이, 만가닥버섯(느티만가닥버섯), 머쉬마루, 목이, 잎새버섯, 참송이에 대하여 건강기능성 작용과 특징, 버섯별 조리법과 함께 버섯 손질법, 우리가 몰랐던 이색 버섯이야기 등을 담고 있습니다.

　버섯별 요리로는 기본 한식 조리법을 바탕으로 하여 버섯을 재료로 써서 만들어 먹을 수 있는 대표 요리들과 서양식 조리법을 응용한 퓨전 요리법이 소개되었습니다. 국, 탕, 찌개류와 나물, 무침, 구이, 찜, 볶음, 전과 같은 반찬을 비롯하여 밥, 죽, 면류, 장아찌, 수프, 샐러드, 튀김 등을 소개하였는데, 화보 사진과 함께 재료 및 조리 과정을 상세하게 담아 맛도 좋고 영양도 우수한 버섯을 다양한 방식으로 식탁 위에 올릴 수 있도록 하였습니다.

　아울러 빠듯한 학업 일정으로 인해 건강을 해칠 수 있는 청소년을 위하여 버섯요리마다 별도의 영양식단표(초등학생용, 중·고등학생용)를 수록함으로써 가정에서 버섯을 활용하여 균형 잡힌 식단을 짜는 데 도움이 되도록 하였습니다. 또한 버섯별로 기능성 및 효능에 관한 특허 자료를 상세히 수록함으로써 식탁에 올리는 버섯요리가 가족의 건강에 어떤 이로움을 주는지 실증 자료를 토대로 하여 구체적으로 설명해 놓았습니다.

　이 책을 통해 맛도 좋고 효능도 만점인 버섯요리가 일반 독자들에게 널리 알려지고 다양하게 활용됨으로써 식탁이 풍요로워지고 가족의 건강 증진에도 도움이 되기를 바랍니다.

지은이 씀

CONTENTS

기능성 및 효능에 관한 특허자료 수록!

버섯이란 • 8
버섯의 명칭 • 9
인류의 역사와 함께한 버섯 • 10
한국의 버섯 재배 • 11
버섯의 성분 및 효능 • 12
버섯의 기능성 성분 베타 글루칸 • 16
식탁에서 즐기는 버섯의 효능 • 20
신선한 버섯 고르기 • 21

 Part 1 느타리 • 24

장현유 교수의 이색 버섯이야기
고혈압·동맥경화 예방 효과 『느타리』• 26
논문 및 특허 자료 • 27
- 느타리버섯국 • 28
- 느타리오징어찌개 • 30
- 느타리버섯초회무침 • 32
- 느타리버섯나물 • 34
- 느타리닭산적 • 36
- 느타리버섯조림 • 38
- 느타리버섯어묵볶음 • 40
- 느타리버섯불고기 • 42
- 느타리콩부침 • 44
- 느타리버섯밥 • 46
- 느타리버섯두부덮밥 • 48
- 느타리치즈고추장비빔밥 • 50
- 산느타리(고기느타리)새우탕 • 52
- 산느타리(고기느타리)녹두행적 • 54
- 산느타리(고기느타리)불고기덮밥 • 56

 Part 2 새송이 • 58

장현유 교수의 이색 버섯이야기
비타민 B가 많은 『새송이』• 60
논문 및 특허 자료 • 61
- 새송이된장찌개 • 62
- 새송이닭고기탕 • 64

- 새송이들깨된장국 • 66
- 미니새송이두부국 • 68
- 새송이버섯볶음 • 70
- 새송이매운멸치볶음 • 72
- 새송이치즈소스조림 • 74
- 새송이매콤닭날개조림 • 76
- 새송이꽁치조림 • 78
- 새송이버섯전 • 80
- 미니새송이덮밥 • 82
- 새송이스테이크덮밥 • 84
- 새송이닭가슴살리조또 • 86
- 미니새송이사과소스장아찌 • 88
- 새송이토마토탕수 • 90
- 헝가리안식 미니새송이굴라쉬 • 92

Part 3 양송이 • 94

장현유 교수의 이색 버섯이야기
서양의 송이에 해당하는 『양송이』 • 96
논문 및 특허 자료 • 97

- 양송이브로콜리깨된장무침 • 98
- 양송이버섯쇠고기볶음 • 100
- 양송이브로콜리볶음 • 102
- 양송이홍합조림 • 104
- 양송이볶음밥 • 106
- 양송이채소덮밥 • 108
- 양송이된장두부덮밥 • 110
- 양송이자장면 • 112
- 양송이카레 • 114
- 양송이수프 • 116
- 양송이비프스트로가노프 • 118
- 양송이감자그라탕 • 120
- 양송이샐러드 • 122

Part 4 팽이 • 124

장현유 교수의 이색 버섯이야기
겨울에도 잘 자라는 『팽이』 • 126
논문 및 특허 자료 • 127

- 새우젓팽이버섯북어국 • 128
- 팽이버섯명란무침 • 130
- 팽이버섯볶음 • 132
- 팽이버섯잡채 • 134
- 팽이버섯생채 • 136
- 팽이버섯얼큰탕반 • 138
- 팽이버섯부추샐러드 • 140
- 연두부황금팽이된장국 • 142
- 황금팽이북어채무침 • 144
- 황금팽이찐가지무침 • 146
- 황금팽이오이볶음 • 148

Part 5 표고 • 150

장현유 교수의 이색 버섯이야기
신이 만든 불로장생 식품 『표고』 • 152
논문 및 특허 자료 • 153

- 표고버섯우거지된장국 • 154
- 표고버섯냉국 • 156
- 표고버섯어묵탕 • 158
- 표고버섯볶음 • 160
- 표고달걀말이 • 162
- 표고양념구이 • 164

- 표고버섯돼지불고기 • 166
- 표고버섯가지찜 • 168
- 표고새우찜 • 170
- 표고영양밥 • 172
- 표고볶음골동면 • 174
- 표고버섯닭고기강정 • 176
- 표고난자완스 • 178
- 표고탕수 • 180

Part 6 노루궁뎅이 • 182

장현유 교수의 이색 버섯이야기
노루 꼬리를 닮은 기능성 버섯 『노루궁뎅이』 • 184
논문 및 특허 자료 • 185

- 노루궁뎅이순두부들깨탕 • 186
- 노루궁뎅이우거지된장찌개 • 188
- 노루궁뎅이시래기마늘솥밥 • 190
- 노루궁뎅이된장수제비 • 192
- 노루궁뎅이바삭강정 • 194

Part 7 만가닥버섯 • 196

장현유 교수의 이색 버섯이야기
종양 억제율이 높은 『만가닥버섯(백일송이)』 • 198
논문 및 특허 자료 • 199

- 만가닥버섯해물탕 • 200
- 만가닥버섯들깨탕 • 202
- 만가닥버섯육개장 • 204
- 만가닥버섯들깨볶음 • 206
- 만가닥버섯고등어조림 • 208
- 만가닥버섯잡채밥 • 210
- 만가닥버섯비빔국수 • 212
- 만가닥버섯수제비 • 214
- 만가닥버섯장떡 • 216
- 만가닥버섯탕수 • 218

Part 8 머쉬마루 • 220

장현유 교수의 이색 버섯이야기
아위나무에서 자라는 아위버섯 『머쉬마루』 • 222
논문 및 특허 자료 • 223

- 머쉬마루들깨탕 • 224
- 머쉬마루콩나물겨자냉채 • 226
- 머쉬마루김무침 • 228
- 머쉬마루굴소스덮밥 • 230
- 케이준머쉬마루치킨샐러드 • 232

Part 9 목이 • 234

장현유 교수의 이색 버섯이야기
여성의 건강과 피부미용에 특효를 보이는『목이』
• 236
논문 및 특허 자료 • 237
- 목이버섯당근볶음 • 238
- 목이버섯볶음 • 240
- 칠리소스로 맛을 낸 목이버섯튀김 • 242

Part 10 잎새버섯 • 244

장현유 교수의 이색 버섯이야기
'마지막 잎새'처럼 희망을 준다는『잎새버섯』
• 246
논문 및 특허 자료 • 247
- 잎새버섯들깨미역국 • 248
- 잎새버섯애호박초나물 • 250
- 잎새버섯미역줄기볶음 • 252
- 잎새버섯들깨소스냉채 • 254

Part 11 참송이 • 256

장현유 교수의 이색 버섯이야기
한번 입에 넣으면 버섯향이 온종일 은은한『참송이』
• 258
논문 및 특허 자료 • 259
- 참송이유자소스냉채 • 260
- 참송이오이초무침 • 262
- 참송이너비아니구이 • 264
- 참송이떡잡채 • 266

■ 부록 • 268

장현유 교수의 이색 버섯이야기
- 암을 이기는 신비의 버섯『꽃송이버섯』• 268
- 남북의 징검다리『대왕버섯』• 269
- 향과 아삭아삭한 육질이 인상적인『버들송이』
  • 270
- 항산화 활성이 높은 강원도의 버섯『해송이』
  • 271
- 고기와 찰떡궁합『능이』• 272
- 장수를 상징하는 불로초『영지』• 273
- 된장국과 튀김 맛이 일품인『검은비늘버섯(황금버섯)』• 274

버섯차 마시는 법 • 275
일반 시판 버섯 중 식용·독버섯 구분하기 • 276

버섯이란

지구상의 생물은 동물계, 식물계, 균계, 원생생물계, 원핵생물계의 5가지로 나눌 수 있다. 이중 균계에 속하는 생물로서 번식기관인 자실체를 눈으로 보고 손으로 만질 수 있을 만큼 크게 형성하는 무리를 버섯이라 한다.

버섯은 식물의 뿌리, 줄기, 잎에 해당하는 영양기관인 균사체와 식물의 꽃에 해당하는 영양기관인 자실체로 구성된다.

전 세계적으로 버섯은 그 종류만 약 30만 종이 존재하는 것으로 알려져 있으며, 그중 약 1만 5천여 종이 발견되어 알려져 있다.

국내에는 1천 9백여 종이 알려져 있으며, 이중 식용버섯은 517종, 독버섯은 243종이다.

식용버섯 중 대부분은 야생버섯이며 상업적으로 재배되는 버섯은 30여 종에 불과하다.

버섯의 명칭

우리가 잘 아는 몇몇 버섯의 명칭을 살펴보면, 느타리속에는 세계적으로 40여 종 이상이 보고되었고, 한국에서 연구된 종은 느타리종, 노랑느타리종, 사철느타리종, 여름느타리종, 산느타리종, 분홍느타리종, 맛느타리종, 큰느타리종, 전복느타리종 등이다. 느타리의 품종에는 원형느타리, 원형느타리 2호, 애느타리, 여름느타리 2호, 농기 201호, 청, 진미 등이 있다. 이들을 통틀어 모두 느타리류라 부른다.

상황버섯이라는 명칭은 상품명이며 학술적으로는 진흙버섯속(Genus Phellinus)의 목질진흙버섯(*Phellinus linteus*)과 같이 상황버섯이라는 상품으로 유통되는 버섯의 자실체를 말한다.

영지는 불로초버섯속의 버섯으로 불로초(*Ganoderma lucidum*)와 쓰가불로초(*G. tsugae*) 등이 있으며 일반적으로 영지라고 부른다.

동충하초도 마찬가지이다. 동충하초는 세계적으로 약 350여 종이 알려져 있으며, 우리나라에서도 40여 종이 보고되었다.

양송이도 양송이종이든 여름양송이종이든 시중에서는 양송이라고 부른다.

인류의 역사와 함께한 버섯

　버섯은 지구에서 백악기 초기(약 1억3천만년 전) 이래로 존재하여왔으며 한반도에서도 이 시기부터 버섯이 존재한 것으로 추정된다. 현존하는 화석으로는 가장 완벽에 가까운 형태의 버섯 자실체가 충남 공주시 우성면에서 발견되어 공주 산림박물관에 보존되어 있다. 고대 사회에서는 종교의식 등에 버섯을 많이 사용하였으며 그 밖에도 식용이나 약용으로 이용되어왔다.

　근대에 이르러 버섯이 중요한 식품으로 인식되어 재배되기 시작했으나 원시적인 재배는 600년경에 목이가 처음으로 이루어졌고 800년경 팽이, 1000년경 표고, 1200년경 복령, 1600년경 양송이, 1900년경에는 느타리 등 주요 버섯의 재배가 이루어지기 시작하였다. 하지만 대부분의 버섯 재배는 1900년대에 개발되어 보급되었다.

　현재까지 세계적으로 개발되어 보급된 버섯 종류는 50여 종에 이르는 것으로 추정되지만 공통적으로 많이 재배·이용되는 버섯은 10여 종 정도이다.

　우리나라에서는 고대 사회에서부터 약용으로 쓰여왔다. 일본 강점기에 일부 재배방법이 도입되어 소규모로 생산되었으며 해방 후 경제개발이 본격화되면서 주요한 수출품목으로 자리 잡기도 했다. 버섯은 고급식품으로 많은 양이 생산, 소비되고 있으며 표고, 팽이, 새송이는 외국으로의 수출도 증가하고 있다.

mushroom story

한국의 버섯 재배

우리나라에서 버섯이 최초로 문헌에 기록된 것은 김부식의 《삼국사기》(1145)로 성덕왕 3년(704) 정월에 웅천주(현재의 공주)에서 금지(金芝;木菌)를 진상하였고, 성덕왕 7년 정월에 사벌주에서 서지(瑞芝;地下菌)를 진상물로 왕에게 올렸다는 기록이 있다.

조선시대에는 허준의 《동의보감》에 19종류 이상의 버섯이 기록되어 있으며 인조 때 홍만선이 저술한 《산림경제》에도 송이와 복령 등의 버섯이 식용 또는 약용으로 사용된 것으로 기록되어 있다. 이 외에도 많은 농서에서 버섯에 관한 기록을 볼 수 있다.

표고는 1935년에 인공재배가 시작되었으며 양송이는 1955년에 경기도 임목양묘장에서 처음 시험 재배되었다.

우리나라의 버섯 수출은 1960~1980년대에는 양송이가 주도하였고 1990년대에 송이와 표고, 최근에는 팽이와 새송이 수출이 증가하고 있다.

우리나라에서는 매년 20만 톤 정도의 버섯이 생산되고 있으며 주요 품목은 표고, 느타리, 새송이(큰느타리), 양송이, 팽이인데 그 외에도 노루궁뎅이버섯, 잎새버섯, 머쉬마루(아위버섯), 느티만가닥버섯, 대왕버섯(백령느타리), 동충하초 등 다양한 버섯이 재배되고 있다.

mushroom story

버섯의 성분 및 효능

1) 버섯의 성분

버섯은 단백질의 구성성분인 아미노산과 지방, 철분, 비타민, 미네랄 등과 같은 인체에 중요한 영양성분뿐만 아니라 제6의 영양소로 불리는 식이섬유도 풍부하게 함유하고 있어 혈액 중의 콜레스테롤 저하를 통한 고혈압과 동맥경화 예방, 포만감 지속, 장내 유해물질 흡착 배출, 면역강화에 유익하다.

대부분의 식용 및 약용버섯들이 항종양과 면역조절물질을 함께 가지고 있으며 그중 중요한 다당류 성분에는 글루칸(Glucans)과 글리칸(Glycans)이 있다.

품 목	주 요 성 분
표 고	구아닐산, 레티나신, 에리타데닌, 단백질, 베타 글루칸, 5´ANP, 5˝-GMP, 비타민 D
느타리	비타민 B_2, 니아신(비타민 B_3), 비타민 D
새송이	비타민 B_6, 비타민 C, 니아신(비타민 B_3)
양송이	비타민 D, 비타민 B_2, 타이로시나제, 엽산, 렌티나신, 5´ANP, 5˝-GMP, 감마-GMP
팽 이	각종 아미노산, 비타민(B_1, B_2, D, 니아신), 볼바톡신, 후람톡신
만가닥버섯	당질, 아미노산(글루탐산 등), 리놀렌산, 말산
버들송이	아미노산, 비타민 B_2, 비타민 D, 비타민 C, 미네랄(칼륨, 인)
목 이	식이섬유, 비타민 D, 엽산, 베타 글루칸
아위버섯	아미노산, 비타민 E, 비타민 C, 무기물(K, P, Mg)

2) 버섯의 효능

Wasser & Weis는 1999년에 버섯의 주요 약리적 효능을 15개 항목으로 나누었다. 이를 보면 1) 항균, 2) 항염증, 3) 항종양(항암), 4) 항바이러스(에이즈 anti-HIV), 5) 항세균과 항기생물, 6) 혈압 조절, 7) 심장혈관장애 방지, 8) 콜레스테롤 과소혈증과 지방과다혈증 방지, 9) 항당뇨, 10) 면역 조절, 11) 신장 강화, 12) 간장 독성 보호, 13) 신경섬유 활성화, 14) 생식력 증진, 15) 만성기관지염 방지 효과이다.

독버섯을 제외한 식용버섯이나 약용버섯에 공통적으로 있는 약리적 작용은 항종양(antitumor)이며 우리나라에서 많이 소비되는 버섯은 표고 11항목, 느타리 5항목, 팽이 5항목, 양송이 3항목에서 약효를 나타내고 있다.

버섯의 종류에 따라 그 성분이 다르기 때문에 작용하는 기작이나 부위가 다르다. 따라서 순위가 중요한 것이 아니고 평소에 버섯을 꾸준하게 섭취하는 습관이 필요하다.

3) 버섯과 영양

버섯은 채소류와 같이 무기질이 풍부할 뿐 아니라 육류와 같이 단백질도 적절히 포함하고 있어 식물이나 동물에게 부족한 영양분을 보완해줄 수 있는 특징이 있다. 버섯은 다른

채소류에 비해 단백질 함량은 높은 편이며, 고기류에 비하여 열량은 낮다.

특히 버섯은 필수아미노산 함량이 높고 식물성 단백질에서 부족하기 쉬운 라이신(lysine)을 함유하고 있으며 글루탐산(glutamic acid), 알라닌(alanine), 글리신(glycine) 등의 함량이 높아 특유의 감칠맛을 내기 때문에 예로부터 멸치, 다시마와 함께 천연조미료 역할도 해왔다.

한영실 교수는 KBS2 TV 프로그램 '위대한 밥상'에서 표고는 항암성분, 양송이는 간암 예방, 느타리는 비만 예방에 효과적인 우수한 식품으로 추천하였다.

버섯은 필수아미노산, 비타민, 무기염류 등을 고루 함유하며 열량이 낮기 때문에 이들의 특성을 이용할 수 있다. 특히 현대인의 성인병 예방에 효과가 크며, 식이섬유성 음료로도 충분히 이용될 수 있어, 전 세계적으로 문제가 심각한 비만과 성인병 예방에 아주 유용한 다이어트 식품인 것이다.

버섯의 소비 촉진으로 국민건강이 증진되고 관련산업이 더욱 발전할 수 있을 것이다.

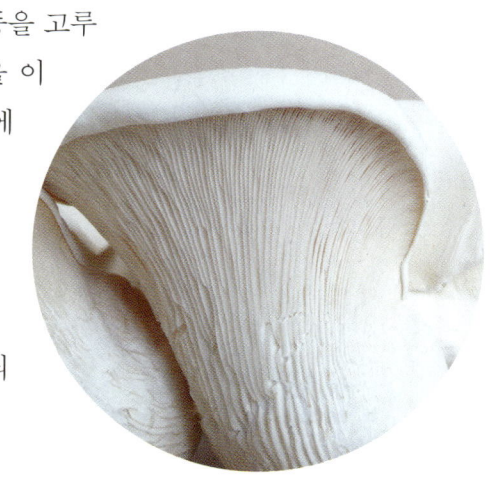

주요 버섯의 생리활성

(Wasser & Weis 1999, 버섯과학과 산업동향 2005 등)

효능	표고	느타리	산느타리	노랑느타리	양송이	팽이	만가닥버섯	목이	버들송이	노루궁뎅이	잎새버섯	영지	동충하초
1) 항균	●												
2) 항염증	●											●	●
3) 항종양(항암)	●	●	●		●	●					●	●	●
4) 항바이러스	●	●		●	●	●	●	●			●	●	●
5) 항세균	●	●		●		●					●	●	●
6) 혈압 조절	●	●								●	●	●	●
7) 심장혈관장애 방지		●						●					
8) 콜레스테롤 감소	●		●					●					
9) 항당뇨	●												
10) 면역 조절	●				●	●				●	●	●	●
11) 신장 강화	●				●								
12) 간장 독성 보호	●											●	●
13) 신경섬유 활성화		●										●	
14) 생식력 증진	●											●	●
15) 만성기관지염 방지								●			●	●	
16) 항산화												●	●
17) 스트레스 감소	●											●	●
18) 혈당 조절	●										●	●	●
19) 폐·호흡 강화											●	●	●

mushroom story

버섯의 기능성 성분 베타 글루칸

– 한국농수산대학 교수 장현유 –

버섯은 웰빙과 로하스 트랜드에 가장 몸에 좋은 식품으로 알려져 있다.

버섯에 무슨 성분이 있기에 몸에 좋다고 할까?

그것은 베타 글루칸이라는 기능성 성분이 있기 때문이다. 베타 글루칸이란 단일 화합물이 아닌 여러 성분으로 이루어진 복합체를 총칭하는 다당류의 일종이다. 당류인 다당체(多糖體)란 그 이상은 분해할 수 없는 단당(單糖)이 여러 개 결합해 있는 고분자 성분인 탄수화물(炭水化物)을 말하며 셀룰로오스, 글리코겐 등이 대표적이다. 저분자 성분으로는 단당(單糖), 아미노산, 유기산(有機酸), 탄닌, 스테로이드, 페놀류 등이 있다.

글루칸이란 수많은 포도당(D-glucose)이 중합되어 형성된 다당체의 일종으로, 당 성분이 결합될 때의 구조에 따라 크게 알파(α)-D-글루칸과 베타(β)-D-글루칸으로 나뉜다. 알파(α) 글루칸은 아주 흔한 전분, 덱스트린이 이에 속한다.

그러므로 알파 글루칸은 우리가 주식으로 하는 밥에도 많이 들어 있는 성분으로, 가격이 싸다. 그러나 베타 글루칸은 가격이 비싸며 포도당이 결합되는 위치에 따라 구조 및 물리 화학적 성질이 다르다.

베타 글루칸에는 '(1-3)결합', '(1-4)결합', '(1-6)결합' 등으로 불리는 여러 가지 결합 방식이 있다. 이 1과 3이라는 숫자는 포도당에 포함되어 있는 탄소원자에 붙여진 번호를 표시하는 것이다. 예를 들면 포도당의 1번 탄소와 3번 탄소가 결합을 이루고 있는 것을 "베타 글루칸(1-3)", 1번 탄소와 6번 탄소가 결합을 이루고 있는 것을 "베타 글루칸(1-6)"이라고 부른다. 또한 베타 글루칸의 구조는 나무와 비슷해서 줄기와 가지로 나눌 수 있다. 나무로 말하면 줄기를 이루는 부분을 주쇄라고 부르며, 가지를 이루는 부분을 분지라고 부른다.

결국 "베타 글루칸(1-3)(1-6)"이라고 하면 베타 글루칸 중에서도 특히 주쇄의 부분이 "(1-3)"형의 결합을 하고, 분지의 부분이 "(1-6)"형의 결합을 하고 있는 것을 말하는 것이다. 이러한 형으로 되어 있지 않으면 충분한 면역 활성 기능을 기대할 수 없다. 다시 말하면 셀룰로오스의 일종인 베타(1-4)글루칸과 특별한 작용 성분이 없는 베타(1-6)글루칸, 활성화된 기능을 지닌 성분인 베타(1-3)D글루칸 성분이 있다.

그러므로 베타 글루칸은 포도당이 결합하는 위치에 따라 종류와 역할이 다르므로 총(total) 베타 글루칸이 높다고 말하는 것보다 어떤 종류의 베타 글루칸이 더 높다고 말해야 정확한 의미가 담긴 것이다.

버섯의 베타 글루칸은 면역세포를 강화하는 작용이 매우 강하다는 것이 증명되어 약품으로도 사용되고 있다. 그런데 버섯의 베타 글루칸 중에서도 항암작용의 열쇠를 쥐고 있는 성분은 베타(1-3)글루칸인 것으로 밝혀져 있다.

즉 베타(1-3)글루칸은 면역력을 강화하여 암의 발생, 증식, 전이를 억제하는 작용의 중심이 되는 중요한 성분인 것이다.

베타 글루칸은 암세포를 직접 공격하지 않고 비특이적 면역반응으로 인간의 정상세포의 면역기능을 활성화시켜 암세포의 증식과 재발을 억제하고, 대식세포(마크로파아지)를 활성화시켜 암세포가 있는 체내로 들어가 여러 가지 사이토카인(Cytokine)의 분비를 촉진시킴으로써 면역세포인 T세포와 B세포의 면역기능을 활성화시켜준다. 이 외에도 베타 글루칸은 혈당강하 및 혈중 콜레스테롤 감소 효과가 우수하며, 지질대사를 개선하여 체지방 형성과 축적을 억제함으로써 항비만 효과를 지니는 것으로 보고되고 있다.

베타 글루칸은 분자구조가 커서 구강으로 투여해도 뇌까지 흡수되지 않는다. 초기에는 분자구조의 크기를 줄이는 방법도 시도한 바 있지만 오히려 효과가 저하되고 말았다. 실제로 실험쥐에게 경구 투여한 실험에서 분자구조가 큰 고분자 상태일 때 효과가 있다는 결과를 얻을 수 있었다. 결국 천연 고분자인 베타 글루칸은 자연 그대로의 상태일 때 효과를 발휘한다고 할 수 있다. 본래 고분자 상태인 베타 글루칸이 장내 면역을 담당하는 세포를 자극하면서 면역력이 향상되기 때문에 항종양 효과가 나타나게 되는 것이다.

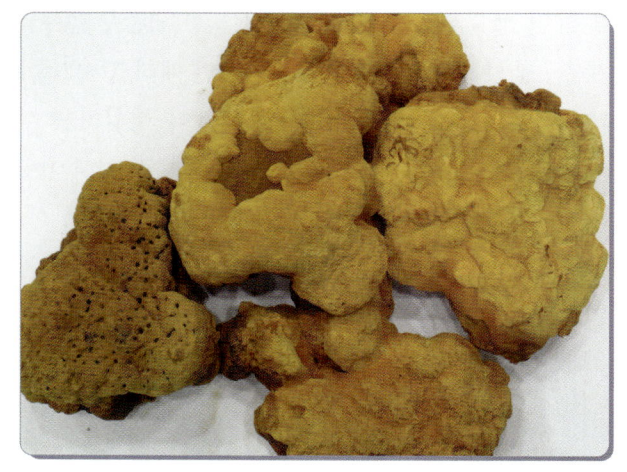

버섯에 항암작용이 있다는 것은 일반적으로 알려져 있었지만 그 구체적인 성분이 베타 글루칸이라는 것을 밝혀내고 효력을 인정하기 시작한 것은 그다지 오래되지 않았다. 즉 20세기 이후의 일이다.

그리고 지금으로부터 30여 년 전 드디어 구름버섯으로부터 크레스틴, 표고로부터 렌티난, 치마버섯으로부터 시조필란 등과 같이 실제로 버섯에서 추출한 성분을 이용한 항암 치료제가 만들어져 의약품으로 판매되기 시작하였다. 일본에서 암환자에게 사용할 경우 의료보험도 적용된다.

버섯·보리·효모 등에 풍부한 베타 글루칸은 한국에서는 혈관 건강에 유익한 성분으로 널리 알려졌으나 일본에선 항암 성분으로 더 유명하다.

베타 글루칸이 주성분인 '버섯 항암제'는 암세포를 직접 죽이지는 않는다. 암환자의 면역력을 높여 암세포의 활동을 억제한다. 자연살해(NK)세포·T세포 등 면역기능과 관련된 세포의 수와 활성을 높여주는 일종의 면역요법제이다. 게다가 베타 글루칸은 천연식품의 성분이어서 부작용이 거의 없으며, 기존의 항암제처럼 정상세포까지 무차별 공격하지도 않는다.

암환자나 암을 예방하려는 사람이 베타 글루칸을 섭취할 수 있는 방법은 다음 세 가지이다.

첫째, '버섯 항암제'를 주사로 맞는 것이다. 일본에선 오랫동안 이 방법을 주로 활용해왔다.

둘째, 베타 글루칸이 풍부한 버섯을 즐겨 먹는 것이다. 이때 생버섯만을 고집할 필요는 없다. 베타 글루칸은 가열해도 거의 파괴되지 않기 때문이다. 자신의 기호대로 조리하되 이왕이면 베타 글루칸 함량이 높은 버섯을 먹는 것이 좋다.

일본시험분석센터 자료에 따르면 베타 글루칸 함량이 가장 높은 것은 꽃송이버섯(100g당 43.6g), 잎새버섯(15~20g), 영지(8~15g), 느타리(7~12g), 송이(18.1g), 아가리쿠스(11.6g) 등으로 조사됐다. 이들 버섯을 먹을 때는 꼭꼭 씹는 것이 중요하다. 침과 잘 섞이면 소화효소(아밀라제)가 분비되어 수용성인 베타 글루칸이 더 잘 빠져나오기 때문이다.

버섯 불린 물이나 버섯 조림 국물을 버리지 말고 잘 챙겨 먹으라고 권하는 것도 베타 글루칸이 물에 녹기 때문이다.

셋째, 버섯에서 추출한 베타 글루칸이 주성분인 건강기능식품을 섭취하는 것이다.

식탁에서 즐기는 버섯의 효능

1. **느타리**
항산화·항염·항혈전·항고혈압·항당뇨 활성

2. **새송이**
항산화 활성, 지질대사 개선, 유해활성산소 억제

3. **팽이(팽나무버섯)**
항바이러스, 콜레스테롤 저하작용, 피부미용 효과

4. **표고**
항암, 고혈압 강하, 동맥경화 예방, 위장질환 예방, 바이러스 면역 증강, 항체 생성 촉진, 콜레스테롤 저하, 적혈구 증강, 골다공증 억제

5. **양송이**
콜레스테롤 저하, 혈압 강하, 산부 유즙 부족, 신경쇠약 개선

6. **자연산 송이**
멜라닌 생성 억제(미백), 암표적인자 발현 억제, 혈전용해 활성

7. **목이**
피부미용 효과, 치질·자궁출혈 개선

8. **동충하초**
항균·천식·빈혈·황달·아토피 개선, 혈압 강하, 스태미나 강화, 허약체질 개선

9. **상황버섯**
면역 활성 증진, 항산화 활성, 항암 활성, 혈소판 활성 개선으로 심혈관계 질환 개선

10. **영지**
호흡곤란·불면증·어지럼증·자반병·혈관병·저혈압·신경쇠약증 개선

11. **황금버섯(검은비늘버섯)**
항종양, 항고혈압성 ACE저해물질 함유, 항산화, 면역 조절, 항암 활성

12. **뽕나무버섯**
항종양, 항균, 항진균, 항바이러스, 항산화, 시력감퇴 억제, 야맹증·피부건조증 개선, 호흡기 및 소화기 감염증 억제, 점막 분비능력감퇴 억제, 불면증·신경쇠약·구루병 개선, 풍기 제거, 진정 작용

13. **잎새버섯**
항종양, 항균, 강장, 혈압 강하 작용, 혈소판 응집억제, 이뇨, 항병이원성, 혈압 조절, 항당뇨, 미백

14. **만가닥버섯**
면역세포 활성화, 생리 활성, 항산화

15. **버들송이**
항종양, 이뇨, 설사 멈춤, 건비, 항산화 활성, 지질과산화 저해 활성

16. **맛버섯(나도팽나무버섯)**
항암, 콜레스테롤 저하, 혈전 용해, 항균 작용, 혈행 개선

17. **싸리버섯**
고혈압·심장병·동맥경화 성인병 예방, 다이어트

mushroom story

신선한 버섯 고르기

1. 병느타리

- 갓 표면에 윤기가 있고, 갓 두께가 두툼하고 색택이 짙은 것
- 대의 색택이 맑으며 탄력이 있는 것
- 다발성이므로 버섯 밑동이 서로 붙어 조직이 단단한 것
- 버섯에 갈변현상(갈색 점, 미끈거림)이 없는 것
- 갓 주변에 포자(흰색 가루)가 묻지 않은 것

2. 새송이

- 갓 모양이 고르고 두툼하며 갓 주름이 촘촘하여 형태가 고른 것
- 대의 색택이 맑으며 탄력이 있는 것
- 갓과 대에 포자(흰색 가루)가 없는 것
- 버섯에 갈색 점이나 미끈거림이 없는 것
- 버섯의 크기가 작을수록 조직감이 치밀하여 조리 후에도 식감이 쫄깃하다.

3. 팽이

- 갓이 우산형으로 형태가 고른 것
- 갓의 수분이 적고 미끈거림이 없는 것
- 대의 형태가 짓눌리지 않고 버섯 밑동에 흰 곰팡이가 없는 것
- 다발성이므로 버섯 밑동이 치밀한 것
- 반진공 포장이나 진공이 안 된 것일수록 조리 세팅 시 모양이 좋고 쫄깃하다.

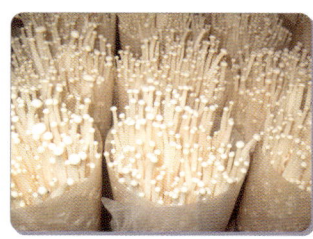

mushroom story

4. 표고

- 크기가 균일하며 두께가 두툼한 것
- 갓이 약간 오므라든 것
- 탄력이 좋고 이물질이 없는 것
- 갓에 탄력이 있고 습기가 적은 것
- 주름살이 갈색으로 변하거나 표면이 쭈글쭈글한 것은 조리 후 흐물거린다.
- 밑동이 둥글거나 칼자국이 있으며 대의 길이가 유난히 긴 것은 톱밥 재배 버섯의 특징이다.

5. 말린 표고

- 표고는 갓의 퍼짐이나 균열 등에 따라 화고, 동고, 향고, 향신으로 나뉜다.
- 갓이 반구형으로 모양이 균일한 것
- 갓의 두께가 두꺼우며 크기가 균일한 것
- 갓 뒷면은 우윳빛 색택을 띠는 것

6. 양송이

- 버섯갓과 대 사이의 피막이 떨어지지 않은 것
- 육질이 단단하고 탄력이 있으며 품종 고유색이 선명한 것
- 갓이 변색되거나 이물질이 없는 것
- 갓의 주름이 짙은 갈색으로 변하거나 갓이 얇은 것은 조리 후 흐물거린다.

7. 자연산 송이

- 버섯갓과 대 사이의 피막이 떨어지지 않은 것
- 육질이 단단하고 탄력이 좋은 것
- 갓에 상처나 벌레의 충해가 없는 것
- 대의 길이가 5~9cm 이내로 두툼한 것
- 밑동이 단단하고 표피가 잘 붙어 있는 것

8. 말린 목이
- 색택이 검고 맑은 것
- 밑동에 이물질이 없고 잡티가 없는 것
- 잘게 부서지지 않고 제 모양을 갖춘 것

9. 동충하초
- 버섯 고유색이 짙은 것
- 배지(버섯 밑동)의 균막이 밝고 얼룩이 없는 것
- 자실체 발이수가 양호하고 버섯이 부서지지 않은 것
- 바랜 것일수록 저장기간이 오래되었거나 보관상태가 불량한 것임

10. 상황버섯
- 갓 윗면에 모래 등 이물질이 없는 것
- 버섯이 두툼하고 육질이 단단한 것
- 버섯에 흰 곰팡이, 충해 흔적이 없는 것
- 수분 함량이 13% 이하인 것
- 버섯 색택이 짙은 갈색일수록 성장기간이 긴 것이며 밝은 노란색은 성장하고 있는 버섯을 수확한 것임

11. 영지
- 표면에 묻어나는 포자가 많은 것
- 표면의 주름살이 많은 것
- 표면의 색이 연갈색이거나 황갈색인 것
- 버섯 크기가 균일한 것
- 버섯이 두툼하고 육질이 단단한 것
- 버섯 뒷면이 노란색인 것
- 수분 함량이 15% 이하인 것

Part 1. 느타리

■ **느타리를 이용한 요리**

느타리는 뜨거운 물에 살짝 데치면 부드럽고 쫄깃한 질감이 생겨 맛을 내지만 오래 삶으면 향과 맛이 저하된다. 숙회, 볶음, 무침, 조림, 튀김, 전골, 탕수육, 전, 산적, 찌개, 죽 등 다양하게 조리할 수 있다.

■ **느타리 손질법**
- 다발성 버섯은 밑동의 톱밥만 제거한 후 갓을 위로 하여 흐르는 물에 살짝 씻어 소쿠리에 받쳐 물기를 제거한다.
- 버섯 대를 잡고 갓 크기별로 분류하여, 큰 것은 산적이나 튀김용으로, 중간 것은 볶음이나 전골용으로, 작은 것은 된장찌개용으로 사용한다.
- 밑동의 흰 부분은 배지가 아닌 버섯 대이므로 제거할 필요가 없다.
- 버섯전이나 튀김용으로 사용 시 손질된 버섯에 소금을 뿌려 고루 뒤적인다.
- 20분 정도 재워 숨이 죽으면 꽉 짜도 잘 부서지지 않으므로 데쳐서 사용할 때보다 향과 맛이 한결 좋다.

■ **느타리 보관법**
- 버섯은 구입 즉시 랩 포장을 제거하고 밀폐용기에 넣어 냉장고에 보관한다.
- 냉장보관 시 버섯에 물기가 있거나 갓이 미끈거리면 소금물에 살짝 데쳐 즉시 사용한다.
- 일주일에 한 번 시장을 볼 때는 신선한 버섯을 구입 후 씻지 말고 이물질만 제거한다.
- 용도별로 분류하여 큰 것은 갓 부분부터 아래로 2등분하여 비닐봉투에 밀봉한다.
- 작은 버섯은 종이를 깔고 통풍이 잘 되는 따뜻한 곳에서 말려 갈아놓으면 조미료로 사용할 수 있다.

 느타리

학 명 *Pleurotus ostreatus* (Jacq.) P. Kumm.
분 류 주름버섯목 느타리과 느타리속
분 포 한국, 동아시아, 유럽, 북미, 호주 등 세계적으로 분포
서 식 봄·가을철에 활엽수 고목의 그루터기에 군생

    영어로는 '굴맛이 난다'는 뜻으로 Oyster Mushroom이라고도 한다. 느타리는 우수한 식용버섯으로서 일찍이 활엽수 원목을 이용한 재배가 개발되었으며, 톱밥 배지를 이용한 병재배로 기계화에 의한 대량생산이 가능하게 되었다. 우리나라에서 주로 재배되고 있는 느타리버섯 종은 느타리(*P. ostreatus*) 외에도 여름느타리(*P. sajor-caju*), 사철느타리(*P. floridanus*) 등이 있으며, 최근에는 노랑색이나 붉은색이 있는 느타리도 개발되었다.

    강원도농업기술원이 강원도 자생종 산느타리를 개량하여 '호산'이란 품종을 개발해 보급하고 있는데 치감이 쫄깃쫄깃하며 쇠고기와 비슷한 맛이 나서 '고기 느타리'라고 하는데 일반 느타리에 비해 야생버섯 특유의 향과 식감 그리고 맛을 느낄 수 있다.

    느타리는 수확·포장 방법에 따라 버섯을 한 대씩(낱개) 수확하는 대느타리(참참이), 병재배 후 다발로 수확하는(꽃작업이라고 함) 꽃느타리와 트레이에 소포장하는 TR느타리(참느타리)가 있다.

대작업한 느타리

산느타리

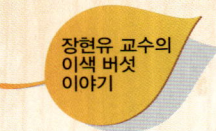

고혈압·동맥경화 예방 효과
『느타리』

느타리는 버드나무·참나무·아까시나무·은사시나무 등 썩은 나무의 그루터기에서 발생한다. 볏짚이나 솜, 기타 배지에서 발생한 버섯보다 이들 나무에서 발생한 것이 고유 성질을 가진 진정한 느타리이다. 이들 나무를 겨울철에 베어 20cm 길이로 잘라 절단면에 종균을 발라(접종) 차곡차곡 쌓아놓고 약 3개월간 배양하면 균사가 활착해 버섯이 자라게 된다. 이러한 재배법을 '단목재배'라고 하는데, 살균을 하지 않아도 되기에 연료비를 절감할 수 있고, 고유의 맛과 향을 그대로 가지며 안전성이 뛰어나다.

느타리가 경쟁력을 가지려면 남들이 흔히 하지 않는 차별화 전략의 아이디어가 있어야 할 것이다. 느타리는 우리나라에서 가장 많이 재배하고 있는 버섯이다. 1960년대에 느타리가 처음 보급될 때만 해도 대부분 단목재배법을 활용했다. 그러나 최근에는 단목재배 농가를 찾아보기 힘들다. 이유는 단목재배를 통한 느타리는 버섯갓이 너무 커 유통과정에서 잘 부스러지고 신선도 유지에 상대적으로 불리해 상인들이 버섯갓이 작은 것을 원했기 때문이다.

원래 버섯의 진정한 맛과 기능은 대보다는 갓이 더 우수하다. 세계적으로 갓보다 대 위주의 버섯이 생산되는 국가는 우리나라밖에 없다. 이웃나라 일본·중국은 물론 유럽에서도 버섯은 갓 위주로 식용이 이뤄진다. 이러한 세계적인 추세와 더불어 최근 들어 우리나라에서도 웰빙 붐이 일며 소비자들이 건강과 안전을 중요시함에 따라 다시 단목재배가 빛을 보게 되었다.

느타리를 구입할 때는 갓이 부서지지 않은 것을 선택해야 한다. 살이 연해 쉽게 상하므로 보관은 단시일로 끝내야 하며, 물기를 없앤 다음 랩이나 비닐봉지에 싸서 냉장고에 보관한다. 느타리는 비타민 D의 모체인 에르고스테롤을 다량 함유하고 있어 고혈압·동맥경화의 예방 및 치료 효과가 뛰어나다. 또한 항암 치료에도 효과가 있다고 보고된 바 있다. 유럽의 의학전문지에 따르면 항암제와 방사선 치료는 받지 않고 느타리에서 추출한 진액만 2개월간 복용한 결과 종양이 축소되어 암세포의 증식이 정지된 사례가 있다. 느타리를 정제한 진액은 여러 가지 효능을 발휘한다. 임상실험에서 암환자에게 진액을 투여한 결과 유방암에 가장 효과가 좋았으며, 뒤를 이어 폐암·간암의 순으로 효능이 나타났다고 한다. 그리고 암환자에게 나타나는 탈모·구토·설사·식욕부진 등의 부작용에도 효과가 있다는 사실이 밝혀졌다.

느타리를 달인 물을 암세포를 이식한 흰쥐에게 주사하거나 음료수로 먹였더니 암세포에 대한 면역력이 70% 이상 유효했다는 보고도 있다. 한방에서 느타리는 오장에 기운을 조화시켜 식욕을 돋우며 대변 장애를 완화시킨다고 한다. 면역력이 저하된 환자들의 환자식으로도 매우 유용하다.

한국농수산대학 버섯학과

느타리의 기능성 및 효능에 관한 주요 논문 및 특허 자료

Hypolipidemic Activities of Dietary Pleurotus ostreatus in Hypercholesterolemic Rats
Nuhu Alam, Ki Nam Yoon, Tae Soo Lee and U Youn Lee (Mycobiology 39(1) : 45-51 [2011])
- 느타리 추출물의 총콜레스테롤, 중성지방, LDL-콜레스테롤, 총 지질, 인지질 감소 효과

Anti-platelet and anti-diabetic activities of Pleurotus ostreatus
SM Kamruzzaman ,Whi Min Lee ,Geon Sik Seo ,Man Hee Rhee (창립총회 및 학술대회 초록집 Vol.2008 No.1 [2008])
- 느타리의 혈당치 조절과 혈행개선 효과

Characterization and in vitro antioxidant activities of polysaccharides from Pleurotus ostreatus (Review)
Zhang, Y., Dai, L. , Kong, X., Chen, L. (International Journal of Biological Macromolecules Volume 51, Issue 3, October 2012, Pages 259-265)
- 느타리의 다당류가 가지는 항산화 활성 효과와 식품과 의약품에서 항산화제로 이용 가능성

Gastroprotective activities of a polysaccharide from the fruiting bodies of Pleurotus ostreatus in rats
Yang, Q., Huang, B., Li, H., Zhang, C., Zhang, R., Huang, Y., Wang, J. (International Journal of Biological Macromolecules Volume 50, Issue 5, 1 June 2012, Pages 1224-1228)
- 느타리의 다당류가 위의 점액 분비를 증가시켜 위 병변을 억제하는 효과에 관한 연구

Anti-tumor and immunomodulating effects of Pleurotus ostreatus mycelia-derived proteoglycans
Itisam Sarangi1, Dipanjan Ghosh1, Sujit Kumar Bhutia, Sanjaya Kumar Mallick, Tapas K. Maiti (International Immunopharmacology Volume 6, Issue 8, August 2006, Pages 1287-1297)
- 느타리의 수용성 proteoglycan이 가지는 면역증강 효과와 항암 활성

느타리 추출물을 포함하는 미백, 노화방지 화장료 조성물
특허 출원번호(일자) 10-2000-0007339 (20000216)
공개번호(일자) 1020010080856 (20010825)

느타리버섯국

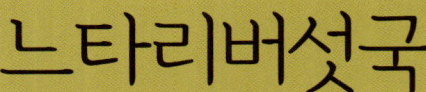

 재료준비와 만드는 법

1. 느타리는 깨끗이 씻어 물기를 뺀 후 굵게 찢는다.
2. 쇠고기는 2×2cm로 얇게 썰고, 무도 같은 크기로 썬다. 쪽파는 5cm 길이로 잘라놓는다.
3. 냄비에 물과 쇠고기, 대파를 넣고 뭉근한 불에서 거품을 걷어 내며 끓이다가 고기가 70% 정도 익을 무렵 무와 버섯을 넣고 부드럽게 익을 때까지 끓인다.
4. ③에 간장으로 색을 내고 마늘을 칼등으로 으깨 넣은 뒤 소금, 후추로 간을 맞추고 쪽파를 넣어 잠시 더 끓인다.

구 분	조리 후 중량	적정배식온도	총열량	총가열시간	총조리시간	주요조리도구
초등학생	175g(1인분)	65~80℃	32kcal	30분	40분	냄비

- **재료 및 분량** : 느타리 26g, 쇠고기 10.5g, 무 15.4g, 대파 4.9g, 마늘 1.1g, 쪽파 2.8g, 물 206.5㎖, 국간장 1.1㎖, 소금 1.1g, 후추 0.1g

구 분	조리 후 중량	적정배식온도	총열량	총가열시간	총조리시간	주요조리도구
중·고등학생	250g(1인분)	65~80℃	45kcal	30분	40분	냄비

- **재료 및 분량** : 느타리 37g, 쇠고기 15g, 무 22g, 대파 7g, 마늘 1.5g, 쪽파 4g, 물 295㎖, 국간장 1.5㎖, 소금 1.5g, 후추 0.1g

mushroom story

느타리오징어찌개

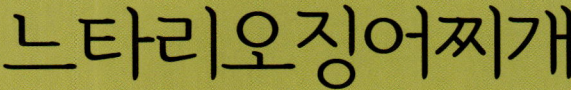

재료준비와 만드는 법

1. 오징어는 반으로 갈라 내장을 제거한 다음 껍질을 벗겨 손가락 크기로 썬다.
2. 무는 나박썰기를 한다.
3. 느타리는 깨끗이 다듬어 굵게 찢는다.
4. 대파와 고추는 어슷 썬다.
5. 분량의 재료를 넣어 찌개 양념을 만든다.
6. 냄비에 물을 붓고 무와 찌개 양념을 넣어 끓인다.
7. 국물이 끓으면 오징어를 넣고 끓인다. 오징어가 반 정도 익으면 느타리, 대파, 풋고추, 홍고추, 후춧가루를 넣어 한소끔 끓인 뒤에 싱거우면 소금으로 간을 한다.

Note: 오징어에 칼집을 넣어 끓이면 모양이 오그라들지 않아서 좋다.

구 분	조리 후 중량	적정배식온도	총열량	총가열시간	총조리시간	주요조리도구
초등학생	175g(1인분)	65~85℃	69kcal	30분	50분	냄비

- **재료 및 분량** : 오징어 50g, 느타리 21g, 무 7g, 대파 4.9g, 풋고추 2.1g, 홍고추 2.1g, 물 175㎖
- **찌개 양념** : 고춧가루 3.5g, 고추장 1.8g, 멸치액젓 1.4㎖, 된장 1.1g, 다진 마늘 1.1g, 후춧가루 0.1g

mushroom story

구 분	조리 후 중량	적정배식온도	총열량	총가열시간	총조리시간	주요조리도구
중·고등학생	250g(1인분)	60~85℃	97kcal	30분	50분	냄비

- 재료 및 분량 : 오징어 70g, 느타리 30g, 무 10g, 대파 7g, 풋고추 3g, 홍고추 3g, 물 250㎖
- 찌개 양념 : 고춧가루 5g, 고추장 2.5g, 멸치액젓 2㎖, 된장 1.5g, 다진 마늘 1.5g, 후춧가루 0.1g

mushroom story

느타리버섯초회무침

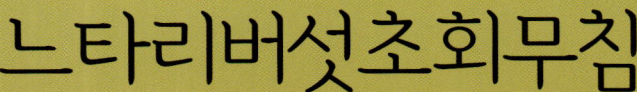

재료준비와 만드는 법

1. 느타리는 깨끗이 다듬어 굵게 찢은 다음 끓는 물에 소금을 넣고 데쳐 찬물에 식힌 후 물기를 짠다.
2. 오이, 당근, 양배추는 5×1.2×0.2cm의 골패형으로 썬다.
3. 양파는 채 썰고 쑥갓은 5cm 길이로 자른다.
4. 〈양념장〉 과일과 양파, 마늘을 깨끗이 손질하여 믹서에 곱게 간 다음 나머지 재료를 섞는다.
5. 준비한 버섯과 채소를 섞어 양념장을 넣고 살짝 버무려 접시에 담고 통깨를 뿌린다.

 양념장을 만들어 2시간 정도 숙성시킨 후 사용하는 것이 좋다.

구 분	조리 후 중량	적정배식온도	총열량	총가열시간	총조리시간	주요조리도구
초등학생	84g(1인분)	4~10℃	55kcal	10분	30분	믹서

- **재료 및 분량** : 느타리 35g, 오이 8.1g, 당근 4.7g, 양배추 10.5g, 양파 4.7g, 쑥갓 2.8g
- **양념장** : 사과 1.2g, 배 1.9g, 파인애플 1.2g, 양파 1.2g, 마늘 1.2g, 레몬즙 0.1㎖, 고추장 2.9g, 고춧가루 2.3g, 물엿 2.9g, 식초 2.9㎖, 설탕 3.7g, 소금 0.6g, 깨소금 0.2g, 후추 0.05g

mushroom story

구 분	조리 후 중량	적정배식온도	총열량	총가열시간	총조리시간	주요조리도구
중·고등학생	120g(1인분)	4~10℃	79kcal	10분	30분	믹서

- **재료 및 분량** : 느타리 50g, 오이 11.5g, 당근 6.7g, 양배추 15g, 양파 6.7g, 쑥갓 4g
- **양념장** : 사과 1.7g, 배 2.7g, 파인애플 1.7g, 양파 1.7g, 마늘 1.7g, 레몬즙 0.2㎖, 고추장 4.2g, 고춧가루 3.3g, 물엿 4.2g, 식초 4.2㎖, 설탕 5.3g, 소금 0.9g, 깨소금 0.3g, 후추 0.07g

mushroom story

느타리버섯나물

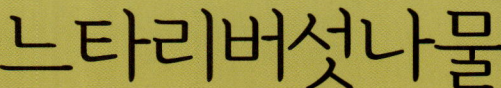

 **재료준비와 만드는 법**

1. 느타리는 깨끗이 다듬어 끓는 물에 소금을 넣고 데쳐 찬물에 식힌 후 2~4등분으로 찢어 물기를 짠다.
2. 대파는 어슷 썰고, 홍고추는 3cm 길이로 채 썰고, 마늘은 곱게 다지고, 쪽파는 송송 썬다.
3. 프라이팬에 식용유를 두르고 다진 마늘과 대파를 볶다가 버섯을 넣고 볶는다.
4. ③에 청주와 간장, 홍고추를 넣고 볶으면서 육수를 넣고 촉촉하게 계속 볶는다.
5. 맛이 어우러지게 볶아지면 소금과 후추로 간을 맞추고 쪽파와 들기름을 넣어 완성한다.

구 분	조리 후 중량	적정배식온도	총열량	총가열시간	총조리시간	주요조리도구
초등학생	35g(1인분)	15~25℃	117kcal	15분	30분	프라이팬

- **재료 및 분량** : 느타리 35g, 대파 3.5g, 마늘 2.1g, 쪽파 2.1g, 홍고추 1.4g, 육수 7㎖, 간장 3.5㎖, 청주 5.6㎖, 식용유 7.7㎖, 들기름 2.8㎖, 소금 0.4g, 후추 0.1g

구 분	조리 후 중량	적정배식온도	총열량	총가열시간	총조리시간	주요조리도구
중·고등학생	50g(1인분)	15~25℃	167kcal	15분	30분	프라이팬

- **재료 및 분량** : 느타리 50g, 대파 5g, 마늘 3g, 쪽파 3g, 홍고추 2g, 육수 10㎖, 간장 5㎖, 청주 8㎖, 식용유 11㎖, 들기름 4㎖, 소금 0.5g, 후추 0.1g

mushroom story

느타리닭산적

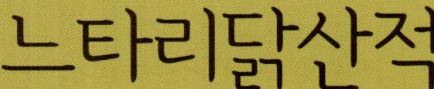

재료준비와 만드는 법

1. 닭고기는 손가락 크기로 썬 후에 칼등으로 자근자근 두드려 부드럽게 한다.
2. 분량의 재료를 섞어 닭가슴살 양념을 만들어 손질한 닭고기에 30분 정도 재워둔다.
3. 느타리와 대파는 닭고기와 같은 크기로 썰어 참기름, 소금, 후춧가루를 넣어 밑간한다.
4. 꼬치에 닭고기, 느타리, 대파를 번갈아 끼운다.
5. 달군 프라이팬에 기름을 두르고 노릇하게 익혀 낸다.

> **Note** 느타리닭산적은 밀가루와 달걀옷을 입혀 노릇하게 지져 내도 좋은데, 이때 느타리닭산적이 완성된 후 꼬치를 뺀 다음 상에 낸다.

구 분	조리 후 중량	적정배식온도	총열량	총가열시간	총조리시간	주요조리도구
초등학생	36g(1인분)	70~75℃	75kcal	15분	45분	프라이팬

- **재료 및 분량** : 닭가슴살 21g, 느타리 28g, 대파(흰 부분) 7g, 참기름 3.5㎖, 소금 0.7g, 후춧가루 0.4g
- **닭가슴살 양념** : 간장 5.4㎖, 설탕 1g, 다진 파 1g, 다진 마늘 0.7g, 생강즙 0.5㎖, 청주 1㎖, 후춧가루 0.4g

mushroom story

구 분	조리 후 중량	적정배식온도	총열량	총가열시간	총조리시간	주요조리도구
중·고등학생	50g(1인분)	70~75℃	106kcal	15분	45분	프라이팬

- **재료 및 분량** : 닭가슴살 30g, 느타리 40g, 대파(흰 부분) 10g, 참기름 5㎖, 소금 1g, 후춧가루 0.5g
- **닭가슴살 양념** : 간장 7.5㎖, 설탕 1.5g, 다진 파 1.5g, 다진 마늘 1g, 생강즙 0.7㎖, 청주 1.5㎖, 후춧가루 0.5g

mushroom story

느타리버섯조림

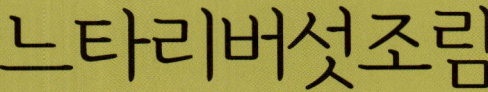

🥘 재료준비와 만드는 법

1. 느타리는 깨끗이 씻어 가닥을 떼고, 무는 1cm 두께의 은행잎 모양으로 썬다.
2. 대파는 3cm 길이로 자르고, 풋고추와 홍고추는 어슷하게 썰어 씨를 턴다.
3. 〈양념장〉 마늘, 대파, 생강을 곱게 다져 나머지 분량의 재료를 섞는다.
4. 냄비에 무를 깔고 버섯과 양념장, 쌀뜨물을 붓고 잠시 센 불에서 끓이다가 중불로 줄여 은근하게 조린다.
5. 무가 익으면 대파와 고추를 넣고 자작하게 잠시 더 조린다.

구 분	조리 후 중량	적정배식온도	총열량	총가열시간	총조리시간	주요조리도구
초등학생	61g(1인분)	15~25℃	49kcal	25분	40분	냄비

- **재료 및 분량** : 느타리 23.1g, 무 14g, 대파 7g, 홍고추 1.4g, 풋고추 4.7g, 쌀뜨물 46.7㎖
- **양념장** : 대파 3.3g, 마늘 1.9g, 생강 0.5g, 진간장 7㎖, 맛술 3.7㎖, 고춧가루 1.8g, 참기름 1.8㎖, 깨소금 0.7g, 소금 0.1g, 후춧가루 0.1g

mushroom story

구 분	조리 후 중량	적정배식온도	총열량	총가열시간	총조리시간	주요조리도구
중·고등학생	87g(1인분)	15~25℃	70kcal	25분	40분	냄비

- **재료 및 분량** : 느타리 33g, 무 20g, 대파 10g, 홍고추 2g, 풋고추 6.7g, 쌀뜨물 66.7㎖
- **양념장** : 대파 4.7g, 마늘 2.7g, 생강 0.7g, 진간장 10㎖, 맛술 5.3㎖, 고춧가루 2.5g, 참기름 2.5㎖, 깨소금 1g, 소금 0.1g, 후춧가루 0.1g

mushroom story

느타리버섯어묵볶음

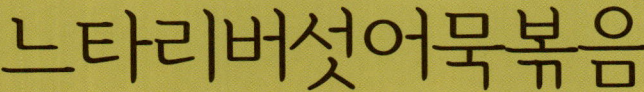

재료준비와 만드는 법

1. 느타리는 가닥을 떼어 약간의 절임용 소금을 뿌려 30분 정도 두었다가 찬물에 씻어 물기를 짠다.
2. 어묵은 한입 크기로 썰어 끓는 물에 데쳐 기름기를 뺀다.
3. 양파는 채 썰고, 대파와 홍고추는 어슷하게 썰고, 쪽파는 3cm 길이로 썰고, 마늘은 다진다.
4. 팬에 식용유를 두르고 마늘과 양파, 홍고추를 볶다가 버섯과 어묵을 넣고 볶으면서 간장과 소금, 후추로 간한다.
5. 마지막에 쪽파와 깨소금, 참기름을 넣고 잠시 더 볶는다.

구 분	조리 후 중량	적정배식온도	총열량	총가열시간	총조리시간	주요조리도구
초등학생	53g(1인분)	15~25℃	138kcal	10분	30분	프라이팬

• **재료 및 분량**: 느타리 35g, 어묵 17.5g, 양파 10.5g, 대파 7g, 마늘 1.8g, 홍고추 2.1g, 쪽파 9.1g, 진간장 2.8㎖, 소금 0.7g, 후추 0.1g, 깨소금 1.8g, 참기름 2.8㎖, 식용유 5.6㎖, 절임용 소금

mushroom story

구 분	조리 후 중량	적정배식온도	총열량	총가열시간	총조리시간	주요조리도구
중·고등학생	75g(1인분)	15~25℃	197kcal	10분	30분	프라이팬

- 재료 및 분량 : 느타리 50g, 어묵 25g, 양파 15g, 대파 10g, 마늘 2.5g, 홍고추 3g, 쪽파 13g, 진간장 4㎖, 소금 1g, 후추 0.1g, 깨소금 2.5g, 참기름 4㎖, 식용유 8㎖, 절임용 소금

mushroom story

느타리버섯불고기

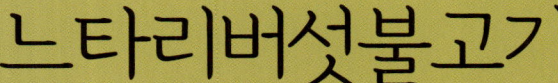

재료준비와 만드는 법

1. 느타리는 깨끗이 씻어 찢고, 양송이와 표고는 얇게 썰고, 팽이는 밑동을 자른다.
2. 대파는 어슷하게 썰고, 양파는 반을 갈라 결대로 채 썬다.
3. 쇠고기(목심)는 불고기용으로 얇게 썰어 준비하고, 당면은 미리 찬물에 담가놓는다.
4. 〈소스〉 배는 껍질과 씨를 제거하고 양파, 마늘, 대파는 깨끗이 씻어 잘게 썬 다음 믹서에 곱게 갈아 냄비에 담고, 나머지 재료를 모두 넣어 은근하게 30분 정도 끓인다.
5. ①, ②, ③의 재료를 섞어 ④의 소스에 넣고 익힌다.

구 분	조리 후 중량	적정배식온도	총열량	총가열시간	총조리시간	주요조리도구
초등학생	123g(1인분)	70~75℃	124kcal	15분	60분	냄비

- **재료 및 분량** : 쇠고기(목심) 21g, 느타리 21g, 양송이 7g, 표고 3.5g, 팽이 3.5g, 대파 1.8g, 양파 7g, 당면 4.9g
- **소 스** : 배 15.8g, 양파 7.9g, 대파 1.8g, 마늘 1.3g, 진간장 13.2㎖, 물엿 5.3g, 황설탕 5.2g, 후추 0.1g, 참기름 1.1㎖, 물 84g

mushroom story

구 분	조리 후 중량	적정배식온도	총열량	총가열시간	총조리시간	주요조리도구
중·고등학생	175g(1인분)	70~75℃	178kcal	15분	60분	냄비

- **재료 및 분량** : 쇠고기(목심) 30g, 느타리 30g, 양송이 10g, 표고 5g, 팽이 5g, 대파 2.5g, 양파 10g, 당면 7g
- **소 스** : 배 22.5g, 양파 11.3g, 대파 2.5g, 마늘 1.9g, 진간장 18.8㎖, 물엿 7.5g, 황설탕 7.5g, 후추 0.1g, 참기름 1.5㎖, 물 120g

mushroom story

느타리콩부침

재료준비와 만드는 법

1. 콩은 6시간 정도 미리 불린 후 비벼 씻어서 껍질을 벗긴다.
2. 쌀은 깨끗이 씻어 30분 정도 불린 후 체에 밭쳐 물기를 뺀다.
3. 느타리는 끓는 물에 소금을 넣고 데쳐 찬물에 식힌 후 2~4등분으로 찢어 물기를 꼭 짠다.
4. 풋고추와 홍고추, 파는 얇게 송송 썰고, 마늘은 곱게 다진다.
5. 콩과 쌀을 믹서에 넣고 물과 소금을 넣어 곱게 간다.
6. 다진 돼지고기는 면보에 싸서 핏물을 닦은 후 다진 마늘과 소금, 후추를 넣고 양념한다.
7. ⑤의 콩 반죽에 송송 썬 풋고추와 파, 버섯, ⑥의 돼지고기를 넣고 골고루 섞는다.
8. 팬을 달구어 식용유를 두르고 ⑦의 반죽을 한 수저씩 떠 넣어 앞뒤가 노릇하게 익도록 중불에서 지진다.
9. 〈전 간장〉 실파를 송송 썰어 나머지 재료를 넣고 전 간장을 만들어 따로 담아 곁들인다.

> Note 메주콩 100g : 7시간 불린 후 229g, 껍질 제거 186.7g

구 분	조리 후 중량	적정배식온도	총열량	총가열시간	총조리시간	주요조리도구
초등학생	49g(1인분)	70~75℃	137kcal	12분	50분 (콩불림 7시간)	프라이팬, 믹서

- **재료 및 분량** : 느타리 10.5g, 흰콩 7g(불린 콩 16g, 껍질 제거 13.1g), 멥쌀 7g(불린 쌀 8.9g), 물 14㎖, 다진 돼지고기 7g, 마늘 0.3g, 파 1.8g, 풋고추 1.3g, 홍고추 0.6g, 소금 0.2g, 후추 0.1g, 식용유 6.3㎖, 절임용 소금 1g
- **전 간장** : 간장 2.7㎖, 육수 2.7㎖, 청주 1.3㎖, 설탕 0.4g, 식초 0.4㎖, 실파 0.9g

구 분	조리 후 중량	적정배식온도	총열량	총가열시간	총조리시간	주요조리도구
중·고등학생	70g(1인분)	70~75℃	195kcal	12분	50분 (콩불림 7시간)	프라이팬, 믹서

- **재료 및 분량** : 느타리 15g, 흰콩 10g(불린 콩 22.9g, 껍질 제거 18.7g), 멥쌀 10g(불린 쌀 12.7g), 물 20㎖, 다진 돼지고기 10g, 마늘 0.4g, 파 2.5g, 풋고추 1.9g, 홍고추 0.9g, 소금 0.3g, 후추 0.1g, 식용유 9㎖, 절임용 소금 1g
- **전 간장** : 간장 3.8㎖, 육수 3.8㎖, 청주 1.9㎖, 설탕 0.5g, 식초 0.6㎖, 실파 1.3g

mushroom story

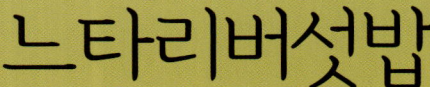

느타리버섯밥

🍲 재료준비와 만드는 법

1. 쌀은 깨끗이 씻어 30분 정도 미리 불린 후 물기를 뺀다.
2. 느타리는 끓는 물에 소금을 넣고 데쳐 찬물에 헹군 후 가늘게 찢어 물기를 짠다.
3. 마늘과 양파는 잘게 다진다.
4. 팬에 참기름을 두르고 마늘과 양파를 볶다가 쇠고기, 간장, 버섯 순으로 넣으며 볶는다.
5. 밥솥에 불린 쌀과 물, ④의 버섯 볶음을 넣고 밥을 짓는다.
6. 쪽파를 송송 썰어 간장과 다시마 육수, 참기름, 통깨를 넣고 양념장을 만들어 곁들인다.

구 분	조리 후 중량	적정배식온도	총열량	총가열시간	총조리시간	주요조리도구
초등학생	175g(1인분)	65℃	350kcal	30분	60분	냄비

- **재료 및 분량** : 멥쌀 63g, 느타리 53.5g, 다진 쇠고기 14g, 마늘 3.5g, 양파 7g, 참기름 5.6㎖, 간장 2.8㎖, 물 77㎖
- **양념장** : 간장 5.6㎖, 다시마 육수 5.6㎖, 참기름 2.8㎖, 통깨 0.4g, 쪽파 3.5g

mushroom story

구 분	조리 후 중량	적정배식온도	총열량	총가열시간	총조리시간	주요조리도구
중·고등학생	250g(1인분)	65℃	500kcal	30분	60분	냄비

- **재료 및 분량** : 멥쌀 90g(불린 쌀 114g), 느타리 75g, 다진 쇠고기 20g, 마늘 5g, 양파 10g, 참기름 8㎖, 간장 4㎖, 물 110㎖
- **양념장** : 간장 8㎖, 다시마 육수 8㎖, 참기름 4㎖, 통깨 0.5g, 쪽파 5g

mushroom story

느타리버섯두부덮밥

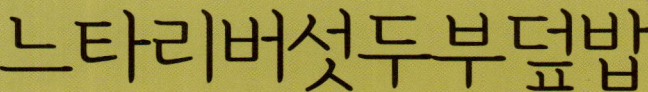

재료준비와 만드는 법

1. 느타리는 깨끗이 다듬어 끓는 물에 소금을 넣고 데친 후 찬물에 식혀 1cm 길이로 썬다.
2. 두부는 사방 1cm 크기로 썰어 끓는 물에 데쳐 물기를 뺀다.
3. 홍고추, 풋고추, 대파는 쌀알 크기로 썰고, 마늘과 생강은 곱게 다진다.
4. 〈소스〉 팬에 고추기름을 두르고 생강, 마늘, 대파, 고추, 돼지고기 순으로 넣으며 볶다가 청주, 두반장, 간장, 굴소스, 육수 순으로 넣고 끓이면서 설탕, 소금, 후추로 간을 맞춘다.
5. 다른 팬에 참기름을 두르고 버섯을 볶아 ④의 소스에 넣고 두부를 넣어 한소끔 끓인 후 물녹말을 풀어 걸쭉하게 농도를 맞춘다.
6. 밥을 접시에 담고 버섯두부 소스를 올린다.

Note 육수는 쇠고기나 닭고기, 다시마, 야채 육수 중 어느 것이나 사용 가능하다.

구 분	조리 후 중량	적정배식온도	총열량	총가열시간	총조리시간	주요조리도구
초등학생	326g(1인분)	65~80℃	359kcal	25분	60분	프라이팬

- **재료 및 분량** : 느타리 42g, 두부 42g, 밥 140g
- **소 스** : 홍고추 3.5g, 풋고추 3.5g, 대파 5.6g, 마늘 2.1g, 생강 0.6g, 다진 돼지고기 17.5g, 고추기름 10.5㎖, 청주 5.6㎖, 두반장 3.5g, 굴소스 2.1g, 설탕 0.7g, 소금 0.2g, 후추 0.1g, 육수 105㎖, 물녹말 5.6g, 참기름 0.7㎖

mushroom story

구 분	조리 후 중량	적정배식온도	총열량	총가열시간	총조리시간	주요조리도구
중·고등학생	465g(1인분)	65~80℃	513kcal	25분	60분	프라이팬

- 재료 및 분량 : 느타리 60g, 두부 60g, 밥 200g
- 소 스 : 홍고추 5g, 풋고추 5g, 대파 8g, 마늘 3g, 생강 0.8g, 다진 돼지고기 25g, 고추기름 15㎖, 청주 8㎖, 두반장 5g, 굴소스 3g, 설탕 1g, 소금 0.3g, 후추 0.2g, 육수 150㎖, 물녹말 8g, 참기름 1㎖

mushroom story

느타리치즈고추장비빔밥

재료준비와 만드는 법

1. 버섯은 끓는 물에 소금을 넣고 데쳐 찬물에 식힌 후 느타리는 가늘게 찢고, 표고는 채 썰어 물기를 짠다.
2. 호박은 5cm 길이로 돌려 깎아 채 썬 뒤 소금을 뿌려 잠시 두었다가 냉수에 헹구어 물기를 짜고, 쇠고기도 같은 길이로 가늘게 채 썬다.
3. 〈양념장〉 대파와 마늘을 곱게 다져 나머지 분량의 재료를 섞은 다음 쇠고기와 버섯에 나누어 넣고 무친다.
4. 〈치즈 소스〉 양파, 대파, 마늘, 생강을 잘게 다져 식용유를 두른 팬에 수분이 거의 없도록 볶고, 고추장은 참기름을 두른 팬에 따로 볶아 섞은 후 나머지 재료를 넣어 100g(초등학생 70g)이 되도록 은근하게 끓인다.
5. 팬에 식용유를 두르고 호박, 느타리, 표고, 쇠고기 순으로 각각 볶아 놓는다.
6. 그릇에 밥을 담고 느타리, 표고, 호박, 쇠고기를 올린 다음 치즈 소스를 곁들인다.

> Note 소스를 끓일 때 완성 무게(100g, 초등학생 70g)를 맞춰야 간이 잘 맞는다. 고춧가루와 치즈가루는 덩어리가 지지 않게 일부 육수에 풀어 마지막에 넣고 농도에 맞게 잠시 더 끓이는 것이 좋다.

구 분	조리 후 중량	적정배식온도	총열량	총가열시간	총조리시간	주요조리도구
초등학생	280g(1인분)	50~65℃	367kcal	30분	60분	프라이팬, 냄비

- **재료 및 분량** : 느타리 35g, 표고 21g, 애호박 35g, 쇠고기 21g, 식용유 4.9㎖, 절임용 소금 0.4g, 밥 140g
- **양념장** : 간장 2.7㎖, 설탕 0.7g, 파 1.6g, 마늘 1g, 깨소금 0.4g, 참기름 0.7㎖, 후추 0.1g
- **치즈 소스** : 양파 5.7g, 대파 3.5g, 마늘 5.7g, 생강 0.4g, 식용유 1.8㎖, 참기름 1.3㎖, 고추장 5.1g, 쇠고기 육수 50.8㎖, 국간장 2.9㎖, 청주 3.5㎖, 물엿 8.8g, 소금 0.7g, 후추 0.2g, 설탕 0.2g, 매실효소 3.5㎖, 고춧가루 3.5g, 파마산치즈가루 4.4g

mushroom story

구 분	조리 후 중량	적정배식온도	총열량	총가열시간	총조리시간	주요조리도구
중·고등학생	400g(1인분)	50~65℃	525kcal	30분	60분	프라이팬, 냄비

- **재료 및 분량** : 느타리 50g, 표고 30g, 애호박 50g, 쇠고기 30g, 식용유 7㎖, 절임용 소금 0.5g, 밥 200g
- **양념장** : 간장 3.8㎖, 설탕 1g, 파 2.3g, 마늘 1.4g, 깨소금 0.5g, 참기름 1㎖, 후추 0.1g
- **치즈 소스** : 양파 8.1g, 대파 5g, 마늘 8.1g, 생강 0.6g, 식용유 2.5㎖, 참기름 1.9㎖, 고추장 7.3g, 쇠고기 육수 72.5㎖, 국간장 4.1㎖, 청주 5㎖, 물엿 12.5g, 소금 1g, 후추 0.3g, 설탕 0.3g, 매실효소 5㎖, 고춧가루 5g, 파마산치즈가루 6.3g

mushroom story

산느타리(고기느타리)새우탕

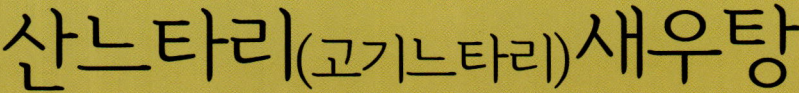

🍲 재료준비와 만드는 법

1. 새우살은 옅은 소금물에 흔들어 씻은 다음 체에 받쳐 물기를 제거한다.
2. 산느타리는 밑동을 잘라 굵은 것은 반으로 찢는다.
3. 팽이는 밑동을 잘라 4cm 길이로 썬다.
4. 대파는 어슷 썰고, 마늘과 생강은 얇게 저며 썬다.
5. 냄비에 참기름을 조금 두르고 마늘과 생강을 볶다가 향이 나면 새우와 산느타리를 넣고 함께 볶는다.
6. ⑤에 물을 붓고 끓이다가 끓으면 국간장, 소금, 후춧가루를 넣어 간을 하고 물녹말을 풀어 농도를 맞춘다. 여기에 팽이와 대파를 넣고 한 김 쐬어 준 후에 불을 끄고 참기름으로 마무리 한다.

📝 Note 새우살을 그냥 찬물에 씻으면 맛이 빠지므로 옅은 소금물에 씻는다.

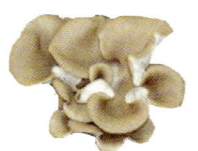

구 분	조리 후 중량	적정배식온도	총열량	총가열시간	총조리시간	주요조리도구
초등학생	140g(1인분)	70~80℃	92kcal	20분	40분	냄비

• **재료 및 분량** : 산느타리 28g, 새우살 21g, 팽이 7g, 대파 1.8g, 깐 마늘 0.7g, 깐 생강 0.7g, 물 210㎖, 국간장 2.7㎖, 소금 0.7g, 후춧가루 0.1g, 물녹말 7㎖(녹말가루 7g, 물 7㎖), 참기름 1.4㎖

구 분	조리 후 중량	적정배식온도	총열량	총가열시간	총조리시간	주요조리도구
중·고등학생	200g(1인분)	70~80℃	130kcal	20분	40분	냄비

- **재료 및 분량** : 산느타리 40g, 새우살 30g, 팽이 10g, 대파 2.5g, 깐 마늘 1g, 깐 생강 1g, 물 300㎖, 국간장 3.8㎖, 소금 1g, 후춧가루 0.1g, 물녹말 10㎖(녹말가루 10g, 물 10㎖), 참기름 2㎖

mushroom story

산느타리(고기느타리) 녹두행적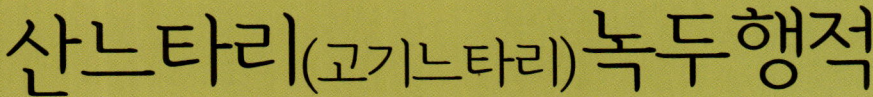

재료준비와 만드는 법

1. 믹서기에 물에 불린 녹두와 물을 넣고 곱게 간다.
2. 큰 볼에 다진 양파와 녹두 간 것을 섞는다.
3. 배추김치는 속을 털어 내고 6cm 길이로 채 썰어 참기름과 깨소금으로 무쳐 낸다.
4. 산느타리는 밑동을 자른 후에 끓는 물에 소금을 넣고 살짝 데쳐 찬 물에 헹궈 물기를 꼭 짠다.
5. 대파는 흰 부분을 골라 6cm 길이로 썬다.
6. 쇠고기는 1×7cm 길이로 썰어 양념한다.
7. 꼬치에 준비한 재료를 차례로 끼워 찹쌀가루를 골고루 묻힌 후에 녹두 반죽을 살짝 발라 달군 팬에 노릇하게 지져 낸 다음 꼬치를 빼고 그릇에 담는다.

> Note 완성된 산느타리녹두행적의 크기가 너무 크면 먹기 좋은 크기로 썰어 그릇에 담는다.

구 분	조리 후 중량	적정배식온도	총열량	총가열시간	총조리시간	주요조리도구
초등학생	35g(1인분)	70~75℃	162kcal	20분	50분	믹서기, 프라이팬

- **재료 및 분량** : 배추김치 14g, 쇠고기(산적용) 17.5g, 산느타리 21g, 대파(흰 부분) 14g, 찹쌀가루 11g, 식용유 5㎖
- **녹두 반죽** : 녹두 35g, 물 8.9㎖, 양파 11g
- **김치 양념** : 참기름 1.4㎖, 깨소금 0.4g
- **쇠고기 양념** : 간장 2.5㎖, 다진 파 1.8g, 다진 마늘 1g, 참기름 1㎖, 설탕 0.7g, 깨소금 0.7g, 후춧가루 0.1g

mushroom story

구 분	조리 후 중량	적정배식온도	총열량	총가열시간	총조리시간	주요조리도구
중·고등학생	50g(1인분)	70~75℃	268kcal	20분	50분	믹서기, 프라이팬

- **재료 및 분량** : 배추김치 20g, 쇠고기(산적용) 25g, 산느타리 30g, 대파(흰 부분) 20g, 찹쌀가루 15g, 식용유 7㎖
- **녹두 반죽** : 녹두 50g, 물 12.5㎖, 양파 15g
- **김치 양념** : 참기름 2㎖, 깨소금 0.5g
- **쇠고기 양념** : 간장 3.5㎖, 다진 파 2.5g, 다진 마늘 1.5g, 참기름 1.5㎖, 설탕 1g, 깨소금 1g, 후춧가루 0.1g

mushroom story

산느타리(고기느타리) 불고기덮밥

재료준비와 만드는 법

1. 쇠고기는 먹기 좋은 크기로 썰어 불고기 양념에 재워놓는다.
2. 산느타리는 밑동을 잘라 깨끗이 다듬은 후에 굵게 찢는다.
3. 새송이는 4cm 길이로 잘라 어슷 썰고, 팽이는 밑동을 잘라 깨끗이 씻은 후에 반으로 자른다.
4. 양파는 길이대로 가늘게 채 썬다.
5. 당근은 반으로 잘라 어슷 썰고, 대파도 어슷 썬다.
6. 팬에 기름을 두르고 쇠고기를 먼저 볶다가 버섯과 나머지 채소를 넣고 볶는다.
7. 재료가 익으면 물을 붓고 끓이다가 국물이 끓어오르면 물녹말을 넣고 걸쭉하게 될 때까지 끓인다.
8. 그릇에 밥과 ⑦의 불고기덮밥 소스를 담아낸다.

> **Note** 당면을 불고기덮밥에 넣어주면 버섯의 식감과 잘 어울려 맛이 좋으면서도 단가를 줄일 수 있어 좋다. 당면을 반나절 정도 물에 불려 먹기 좋은 크기로 썰어 투명해질 때까지 볶으면 된다.

구 분	조리 후 중량	적정배식온도	총열량	총가열시간	총조리시간	주요조리도구
초등학생	210g (1인분)	65~70℃	312.17kcal	20분	50분	소스팬

- **재료 및 분량** : 쇠고기(불고기감) 38g, 산느타리 19g, 양파 14g, 새송이 9g, 팽이 5g, 당근 5g, 대파 2g, 식용유 2㎖, 밥 130g, 물 35㎖, 물녹말 2㎖(녹말가루 2g, 물 2㎖)
- **불고기 양념** : 간장 7㎖, 설탕 3.5g, 다진 파 1.4g, 마늘 0.7g, 참기름 1.4㎖, 후춧가루 0.1g

mushroom story

구 분	조리 후 중량	적정배식온도	총열량	총가열시간	총조리시간	주요조리도구
중·고등학생	300g(1인분)	65~70℃	435.43kcal	20분	50분	소스팬

- 재료 및 분량 : 쇠고기(불고기감) 53g, 산느타리 27g, 양파 20g, 새송이 13g, 팽이 7g, 당근 7g, 대파 3g, 식용유 3㎖, 밥 180g, 물 50㎖, 물녹말 3㎖(녹말가루 3g, 물 3㎖)
- 불고기 양념 : 간장 10㎖, 설탕 5g, 다진 파 2g, 마늘 1g, 참기름 2㎖, 후춧가루 0.1g

mushroom story

Part 2. 새송이

■ 새송이를 이용한 요리
새송이는 자루가 굵고 견고해 여러 가지 모양으로 썰어 이용할 수 있어 많은 요리에 쓰인다. 구이, 산적, 볶음, 조림, 튀김, 전골, 전, 장아찌 등 다용도로 사용하기에 적합하다.

■ 새송이 손질법
- 갓을 위로 하여 흐르는 물에 살짝 씻는다.
- 소쿠리에 밭쳐 물기를 제거한다.
- 싱싱한 버섯은 2등분하여 결대로 세로로 잘라야 식감을 즐길 수 있다.
- 버섯은 작을수록 조직이 치밀하여 단단하고 쫄깃하다.
- 버섯이 물렁해졌거나 버섯 대가 변색되었으면 결대로 용도에 맞게 손질 후 소금물에 한소끔 데쳐 사용한다.

■ 새송이 보관법
- 구입한 버섯은 즉시 냉장보관한다.
- 버섯을 신문지나 키친타월로 개별 포장한다.
- 밀폐용기에 개별 포장한 버섯을 넣고 냉장고에 보관한다.
- 오래 보관할 때는 먼저 2등분하여 용도별로 자르고 표면의 습기를 제거하기 위해 신문지를 깔고 하루쯤 말려 비닐봉투에 담아 냉동보관한다. 표면에 습기가 없으면 개체별로 잘 떨어져 사용이 편리하다. 버섯을 통째로 냉동하면 필요할 때 즉시 사용이 어려우며 질기다.

새송이

학 명 *Pleurotus eryngii* (DC.) Quél.
분 류 주름버섯목 느타리과 느타리속
분 포 원산지는 남유럽 일대이며, 북아프리카·중앙아시아에도 분포
서 식 9~10월경 떡갈나무나 벚나무의 그루터기에 발생

    우리나라에는 1995년경 도입되어 짧은 기간에 보급된 버섯으로 1997년에 큰느타리로 명명한 버섯이다. 상품명은 새송이이다.

    일반명은 King Oyster Mushroom(왕굴버섯, 큰느타리)으로 톱밥을 주원료로 하는 병재배 방식으로 기른다. 갓은 연한 회색을 띠며 자실체의 균사조직이 치밀하여 육질이 뛰어나고, 대는 흰색이다. 질감이 자연산 송이와 비슷하여 새송이라고 이름 지어졌다. 수분 함량이 다른 버섯보다 적어서 저장 기간이 길다.

    새송이는 비타민 C를 느타리의 7배, 팽이의 10배나 많이 함유하고 있다. 또한 비타민 B_6가 많이 함유되어 있고, 악성빈혈 치유인자로 알려진 비타민 B_{12}도 미량 함유되어 있다. 전당 함량이 높은 편이고, 조지방 함량은 표고의 2배이다. 필수아미노산 10종 가운데 9종을 함유하고 있으며, 칼슘과 철 등 신진대사를 원활하게 도와주는 무기질의 함량도 다른 버섯에 비하여 매우 높다.

mushroom story

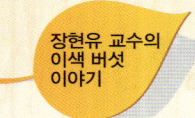

장현유 교수의 이색 버섯 이야기

비타민 B가 많은
『새송이』

새송이는 소비자가 만족하고 감동할 만한 필요충분조건을 갖추고 있다. 새송이(P. eryngii)는 상품명이고 버섯명은 큰느타리이다. 원산지는 남유럽 일대로 유럽에서는 초원의 버섯, 왕느타리로 불린다. 육질이 단단하고 맛이 송이와 유사하여 경남에서 처음 이름을 지었다.

버섯의 발생 초기 형태는 눈사람처럼 대부분이 타원형으로 통통하며 갓 부분이 작게 형성된다. 대의 길이는 3~12cm로 길며 씹는 느낌이 좋다. 갓 색택은 연회색 또는 황토 크림색을 띠며 완전히 자라면 갓 표면이 나팔처럼 퍼지고 포자가 많이 흩날린다.

새로운 소득작목으로 부상하고 있는 새송이는 맛과 향기가 뛰어나고 다양하게 요리할 수 있어 소비자로부터 인기가 좋다.

이 버섯을 뜨거운 물에 데치거나 떡국처럼 썰어서 요리하면 새송이 육질의 식감을 제대로 느낄 수 있다. 끓는 물에 살짝 데쳐서 참기름장에 찍어 먹으면 특유의 고소함과 쫄깃함을 한껏 맛볼 수 있다. 양념장에 재워두면 양념을 흠뻑 흡수하므로 간장과 참기름으로 만든 유장을 붓으로 발라 간이 살짝 배어들도록 한다. 버섯 탕수육·잡채·무침·튀김·피클·장조림·칠리소스 볶음 등 새송이로 할 수 있는 요리는 무궁무진하다.

새송이는 비타민 C가 느타리의 7배, 팽이의 10배로 매우 높으며, 여성에게 특히 필요한 비타민으로 꼽히는 비타민 B가 다른 버섯에 비해 월등히 많다. 또한 수분 함량이 비교적 낮아 저장력이 좋으며 무기질 함량도 다른 버섯에 비해 매우 높다.

비만을 예방하기 위한 가장 큰 조건은 칼로리는 낮으면서도 배고픈 느낌, 즉 공복감을 없애줘야 하는 것이다. 새송이는 칼로리는 매우 낮고 섬유소와 수분이 풍부해서 다이어트 식품으로 제격이다. 또한 식사 후 포도당의 흡수를 천천히 이뤄지게 함으로써 혈당 상승을 억제하고 인슐린을 절약해주기 때문에 결과적으로 비만을 방지한다. 새송이는 여러 가지 인체에 이로운 성분이 많아 암 예방을 비롯해 당뇨병, 고혈압, 어린이들이 많이 앓는 아토피 피부염에도 좋은 것으로 알려져 있다.

한국농수산대학 버섯학과

mushroom story

새송이의 기능성 및 효능에 관한 주요 논문 및 특허 자료

Physiological Activities of Extract from Edible Mushrooms.
Choi, S.-J. Lee, Y.S. Kim, J.-K. Kim, J.K. Lim, S.S. Journal of the Korean Society of Food Science and Nutrition [2010].
- 새송이가 면역활성(beta-glucan), 항산화물질(Gallate, Tannic acid, Catechin) 다량 보유

Effect of Dietary Supplementation of Pleurotus eryngii on Blood Lipid Profiles, Body Fat Deposition and Intestinal Microvilli Enzymes in Rats (Laboratory Animal Research Vol.25 No.4 [2009])
- 새송이가 지질 대사와 탄수화물 대사에 관여하여 지방축적 억제 효과

Effects of mushroom, Pleurotus eryngii, extracts on bone metabolism
(Clinical Nutrition Volume 25, Issue 1, February 2006, Pages 166-170)
- 새송이가 해면골 무기질 밀도의 감소를 지연시켜 골다공증 완화 효과

Hypolipidemic effect of Pleurotus eryngii extract in fat-loaded mice. Mizutani, T., Inatomi, S., Inazu, A., Kawahara, E. (2010. Journal of Nutritional Science and Vitaminology. 56(1). 48-53.)
- 새송이 열수추출물의 비만인자 감소 효과

Anti-inflammatory activity of edible oyster mushroom is mediated through the inhibition of NF-κB and AP-1 signaling. (2011. Nutrition Journal. 10(1) 52.)
- 새송이의 NO, Prostaglandin E2의 합성 저해로 인한 항염증 활성 효과

큰느타리버섯 추출물의 성장기 뼈 형성 촉진 및 골다공증 예방 또는 치료용 약학적 조성물
(Extract of Pleurotus eryngii and pharmaceutical compositions for activation of bone growth during the period of development, and prevention or treatment of osteoporosis containing the same)
출원번호(일자): 10-2001-0066584 (20011027)
- 큰느타리버섯 추출물은 조골세포의 증식 및 분화에 도움이 되며 파골세포의 증식을 억제

큰느타리버섯의 균사체 액체배양액에서 분리한 항암 활성이 있는 세포 내 고분자물질 특허
(Endo-biopolymers produced from a submerged mycellimculture of Pleurotus eryngii having antitumor effects)
출원번호(일자): 10-2005-0057035 (20050629)
- NK 세포의 활성을 증가, 간의 글루타티온 S-트랜스퍼라아제의 활성을 증가시키는 효과

새송이된장찌개

재료준비와 만드는 법

1. 새송이와 표고는 깨끗이 씻어 사방 1cm 크기의 사각으로 썰고, 호박과 두부도 같은 크기로 썬다.
2. 풋고추와 대파는 1cm 길이로 동그랗게 썰고, 마늘은 꼭지를 다듬어 칼등으로 으깬다.
3. 쪽파는 3cm 길이로 썬다.
4. 〈육수〉 멸치는 내장을 빼고 마른 팬에 말리듯이 볶은 후 물과 다시마를 넣고 30분 정도 은근하게 끓여 체에 거른다. (250㎖)
5. 멸치 육수에 된장과 고추장을 풀어 은근하게 끓이면서 거품을 걷어낸다.
6. ⑤의 된장 육수에 ①, ②의 재료를 넣고 한소끔 끓인 후 고춧가루와 후추를 뿌리고 마지막에 쪽파를 넣어 완성한다.

구 분	조리 후 중량	적정배식온도	총열량	총가열시간	총조리시간	주요조리도구
초등학생	140g(1인분)	60~85℃	64kcal	55분	60분	냄비

- **재료 및 분량** : 새송이 18.9g, 표고 6.1g, 애호박 1.9g, 두부 9.1g, 풋고추 7g, 대파 9.1g, 마늘 1.4g, 쪽파 4.7g, 된장 16.1g, 고추장 2.8g, 고춧가루 0.2g, 후추 0.1g
- **멸치 육수** : 물 175㎖, 멸치 4.7g, 다시마 0.7g

mushroom story

구 분	조리 후 중량	적정배식온도	총열량	총가열시간	총조리시간	주요조리도구
중·고등학생	200g(1인분)	60~85℃	92kcal	55분	60분	냄비

- 재료 및 분량 : 새송이 27g, 표고 8.7g, 애호박 2.7g, 두부 13g, 풋고추 10g, 대파 13g, 마늘 2g, 쪽파 6.7g, 된장 23g, 고추장 4g, 고춧가루 0.3g, 후추 0.1g
- 멸치 육수 : 물 250㎖, 멸치 6.7g, 다시마 1g

mushroom story

새송이닭고기탕

재료준비와 만드는 법

1. 찹쌀은 씻어서 불리고, 닭은 지방을 떼어 내고 깨끗이 씻는다.
2. 새송이는 깨끗이 씻어 반을 자른 다음 길이로 얇게 썬다.
3. 대파와 마늘은 깨끗이 다듬어 씻어놓고, 쪽파는 3cm 길이로 썬다.
4. 냄비에 닭과 분량의 물을 붓고 거품을 걷어 내며 끓이다가 불을 약하게 줄이고 월계수 잎과 대파, 마늘, 통후추를 넣고 은근하게 35분 정도 삶는다.
5. 닭이 부드럽게 익으면 살을 발라 가늘게 찢은 다음 약간의 소금과 깨소금, 참기름을 넣어 묻혀놓고, 국물은 고운체에 거른다.
6. 냄비에 육수와 찹쌀을 넣고 15분 정도 끓이다가 버섯을 넣고 30분 정도 끓이면서 소금과 후추로 간을 맞추고 마지막에 쪽파를 넣어 잠시 더 끓인다.
7. 그릇에 닭고기를 담고 국물을 붓는다.

구 분	조리 후 중량	적정배식온도	총열량	총가열시간	총조리시간	주요조리도구
초등학생	165g(1인분)	55~70℃	407kcal	1시간 20분	1시간 30분	냄비

- **재료 및 분량 :** 새송이 29.4g, 닭 122.5g, 찹쌀 3.2g, 쪽파 9.8g, 마늘 2.5g, 대파 9.8g, 물 184㎖, 통후추 0.5g, 월계수 1/6잎, 깨소금 1.3g, 참기름 2.7㎖, 소금 1.5g, 후추 0.1g

구 분	조리 후 중량	적정배식온도	총열량	총가열시간	총조리시간	주요조리도구
중·고등학생	235g(1인분)	55~70℃	582kcal	1시간 20분	1시간 30분	냄비

• 재료 및 분량 : 새송이 60g, 닭 1/4마리(250g), 찹쌀 6.5g, 쪽파 20g, 마늘 5g, 대파 20g, 물 375㎖, 통후추 1g, 월계수 1/4잎, 깨소금 1.9g, 참기름 3.8㎖, 소금 2.2g, 후추 0.2g

mushroom story

새송이들깨된장국

재료준비와 만드는 법

1. 새송이는 깨끗이 씻어 반을 가른 다음 길이로 얇게 썬다.
2. 대파는 어슷하게 썰고 마늘은 곱게 다진다.
3. 들깨와 물을 믹서에 곱게 갈아 냄비에 담고 쌀뜨물과 멸치, 된장을 풀어 30분 정도 끓인 후 체에 밭쳐 들깨 된장 육수를 만든다.(250㎖)
4. 냄비에 ③의 육수와 버섯을 넣고 끓이다가 대파, 고춧가루, 마늘을 넣고 소금과 후추로 간한다.

구 분	조리 후 중량	적정배식온도	총열량	총가열시간	총조리시간	주요조리도구
초등학생	210g(1인분)	65~80℃	75kcal	50분	60분	냄비

• 재료 및 분량 : 새송이 70g, 대파 7g, 된장 7g, 들깨 7g, 물 35㎖, 쌀뜨물 210㎖, 멸치 2.1g, 고춧가루 1.4g, 마늘 1.1g, 소금 0.6g, 후추 0.1g

구 분	조리 후 중량	적정배식온도	총열량	총가열시간	총조리시간	주요조리도구
중·고등학생	300g(1인분)	65~80℃	107kcal	50분	60분	냄비

- **재료 및 분량** : 새송이 100g, 대파 10g, 된장 10g, 들깨 10g, 물 50㎖, 쌀뜨물 300㎖, 멸치 3g, 고춧가루 2g, 마늘 1.5g, 소금 0.9g, 후추 0.2g

미니새송이두부국

🍲 재료준비와 만드는 법

1. 미니새송이는 깨끗이 씻어 모양대로 얇게 썰고, 두부는 3×2×0.8cm 정도로 썬다.
2. 쇠고기는 두부와 같은 크기로 얇게 썬 다음 〈양념〉 국간장과 다진 마늘, 후추를 넣고 주물러 재운다.
3. 쪽파는 깨끗이 씻어 4cm 길이로 썰고, 달걀은 풀어둔다.
4. 냄비에 참기름을 둘러 달군 후 쇠고기를 넣고 볶다가 물을 붓고 활발히 끓어오르면 중불로 낮추어 30분 정도 은근하게 끓인다.
5. ④에 버섯과 두부를 넣고 끓이다가 두부가 떠오르면 불을 약하게 낮춘다.
6. 쪽파에 밀가루와 달걀을 묻혀 ⑤에 넣고 간장과 소금으로 간을 맞춰 잠시 더 끓인다.

구 분	조리 후 중량	적정배식온도	총열량	총가열시간	총조리시간	주요조리도구
초등학생	210g(1인분)	65~80℃	92kcal	40분	60분	냄비

- **재료 및 분량** : 미니새송이 28g, 두부 28g, 쇠고기 14g, 쪽파 7g, 밀가루 1.2g, 달걀 10.5g, 물 245㎖, 국간장 1.1㎖, 소금 0.7g, 참기름 1.4g
- **양   념** : 국간장 1㎖, 다진 마늘 0.6g, 후추 0.1g

mushroom story

구 분	조리 후 중량	적정배식온도	총열량	총가열시간	총조리시간	주요조리도구
중·고등학생	300g(1인분)	65~80℃	132kcal	40분	60분	냄비

- 재료 및 분량 : 미니새송이 40g, 두부 40g, 쇠고기 20g, 쪽파 10g, 밀가루 1.7g, 달걀 15g, 물 350㎖, 국간장 1.5㎖, 소금 1g, 참기름 2g
- 양 념 : 국간장 2㎖, 다진 마늘 0.8g, 후추 0.1g

mushroom story

새송이버섯볶음

 재료준비와 만드는 법

1. 새송이는 8~10cm 크기로 골라 깨끗이 씻은 후 반으로 갈라 길이로 얇게 썬 다음 약간의 소금을 뿌려둔다.
2. 양파는 반을 갈라 곱게 채 썰고, 마늘은 꼭지를 다듬어 얇게 썬다.
3. 팬에 버터와 들기름을 두르고 마늘과 양파를 은근하게 구수한 향이 나도록 볶다가 버섯을 넣고 볶으면서 통후추를 으깨 넣는다.
4. 버섯이 볶아지면 와인을 넣고 잠시 졸여 접시에 담고, 다진 파슬리를 뿌린다.

구 분	조리 후 중량	적정배식온도	총열량	총가열시간	총조리시간	주요조리도구
초등학생	35g(1인분)	40~60℃	111kcal	15분	30분	프라이팬

- **재료 및 분량** : 새송이 35g, 양파 14g, 마늘 3.5g, 소금 0.6g, 으깬 통후추 0.7g, 화이트와인 5.3㎖, 버터 7g, 들기름 3.5㎖, 다진 파슬리 0.4g

mushroom story

구 분	조리 후 중량	적정배식온도	총열량	총가열시간	총조리시간	주요조리도구
중·고등학생	50g(1인분)	40~60℃	159kcal	15분	30분	프라이팬

- **재료 및 분량** : 새송이 50g, 양파 20g, 마늘 5g, 소금 0.8g, 으깬 통후추 1g, 화이트와인 7.5㎖, 버터 10g, 들기름 5㎖, 다진 파슬리 0.5g

mushroom story

새송이매운멸치볶음

 ## 재료준비와 만드는 법

1. 새송이는 깨끗이 손질한 후에 어슷 썬다.
2. 멸치는 머리와 내장을 제거한다.
3. 꽈리고추는 이쑤시개로 구멍을 뚫어 끓는 물에 소금을 넣고 살짝 데친다.
4. 마늘은 도톰하게 편으로 썬다.
5. 분량의 재료를 섞어 조림장을 만든다.
6. 달군 팬에 기름을 두르지 않고 새송이를 물기만 제거될 정도로 살짝 볶은 후에 그릇에 따로 담는다.
7. 달군 팬에 기름을 두르고 마늘을 넣고 볶다가 향이 나면 멸치를 넣고 볶는다.
8. 멸치가 바삭하게 볶아지면 새송이와 꽈리고추를 넣고 조림장으로 고루 섞어 볶는다.
9. 완성되면 통깨와 참기름을 넣고 마무리 한다.

 볶음 멸치(고바) 대신에 바삭하게 볶은 잔멸치(지리멸)에 견과류와 버섯을 넣고 볶아도 좋다.

구 분	조리 후 중량	적정배식온도	총열량	총가열시간	총조리시간	주요조리도구
초등학생	25g(1인분)	15~25℃	57kcal	10분	25분	프라이팬

- **재료 및 분량** : 새송이 14g, 볶음용 멸치(고바) 11g, 꽈리고추 3.5g, 깐 마늘 1.4g, 통깨 0.7g
- **조림장** : 고추장 2.5g, 간장 2.5㎖, 물엿 2.5㎖, 맛술 1.8㎖, 고춧가루 1.1g, 참기름 2.5㎖, 물 14㎖

mushroom story

구 분	조리 후 중량	적정배식온도	총열량	총가열시간	총조리시간	주요조리도구
중·고등학생	35g(1인분)	15~25℃	87kcal	10분	25분	프라이팬

- **재료 및 분량** : 새송이 20g, 볶음용 멸치(고바) 15g, 꽈리고추 5g, 간 마늘 2g, 통깨 1g
- **조림장** : 고추장 3.5g, 간장 3.5㎖, 물엿 3.5㎖, 맛술 2.5㎖, 고춧가루 1.5g, 참기름 3.5㎖, 물 20㎖

mushroom story

새송이치즈소스조림

 재료준비와 만드는 법

1. 새송이는 깨끗이 씻은 후 2등분으로 잘라 4~6등분으로 쪼개고, 양송이는 4등분으로 자른다.
2. 마늘은 칼등으로 으깨고, 쪽파는 3cm 길이로 썬다.
3. 치즈와 양파는 잘게 다지고, 파슬리는 곱게 다진다.
4. 〈소스〉 냄비에 버터를 두르고 양파를 투명하게 볶다가 화이트와인을 넣고 잠시 졸인다. 육수와 생크림을 넣고 걸쭉해질 때까지 졸이면서 치즈와 파슬리를 뿌리고 소금, 후추로 간한다.
5. 팬에 올리브오일을 두르고 으깬 마늘과 마른 고추, 바질을 넣어 향을 낸 뒤 건더기를 건져 낸다. 버섯을 넣고 수분이 거의 증발하도록 볶은 후 쪽파와 와인을 넣고 졸이면서 소금과 후추로 간한다.
6. ⑤의 버섯 볶음을 ④의 소스에 넣고 맛이 어우러지게 졸여 접시에 담는다.

구 분	조리 후 중량	적정배식온도	총열량	총가열시간	총조리시간	주요조리도구
초등학생	70g(1인분)	65~80℃	172kcal	30분	50분	프라이팬, 냄비

- **재료 및 분량** : 새송이 21g, 양송이 14g, 올리브유 5.3㎖, 쪽파 2.1g, 마늘 2.8g, 마른 고추 1.4g, 바질 0.5g, 화이트와인 7.7㎖, 소금 0.3g, 후추 0.1g
- **소 스** : 각종 치즈 9.1g, 양파 5.3g, 버터 2.7g, 화이트와인 8.8㎖, 육수 21㎖, 생크림 17.5㎖, 파슬리 0.4g, 소금 0.2g, 으깬 통후추 0.1g

mushroom story

구 분	조리 후 중량	적정배식온도	총열량	총가열시간	총조리시간	주요조리도구
중·고등학생	100g(1인분)	65~80℃	246kcal	30분	50분	프라이팬, 냄비

- **재료 및 분량** : 새송이 40g, 양송이 20g, 올리브유 7.5㎖, 쪽파 3g, 마늘 4g, 마른 고추 2g, 바질 0.7g, 화이트와인 11㎖, 소금 0.4g, 후추 0.2g
- **소 스** : 각종 치즈 13g, 양파 7.5g, 버터 3.8g, 화이트와인 12.5㎖, 육수 30㎖, 생크림 25㎖, 파슬리 0.5g, 소금 0.3g, 으깬 통후추 0.1g

mushroom story

새송이매콤닭날개조림

 **재료준비와 만드는 법**

1. 닭날개에 군데군데 칼집을 낸 다음 20분 정도 밑간 양념에 재워둔다.
2. 닭날개를 180℃ 오븐에 20분간 굽거나 김이 오른 찜통에 30분간 찐다.
3. 새송이는 1.5cm 크기로 저며 썬다.
4. 청양고추를 반으로 갈라 씨를 뺀 후에 잘게 썬다.
5. 오목한 팬에 분량의 재료를 합하여 조림장을 만들어 국물이 반으로 줄 때까지 끓인다.
6. ⑤의 소스에 닭날개를 넣고 국물이 반으로 줄어들 때까지 졸인다.
7. ⑥에 새송이를 넣고 국물이 없어질 때까지 조린 후에 청양고추와 통깨를 뿌려 마무리 한다.

구 분	조리 후 중량	적정배식온도	총열량	총가열시간	총조리시간	주요조리도구
초등학생	78.5g(1인분)	65~70℃	323kcal	45분	60분	소스팬, 오븐 또는 찜기

- **재료 및 분량** : 닭날개 85.7g, 새송이 21g, 청양고추 2g
- **밑간 양념** : 핫소스 5.4㎖, 생강즙 3.5㎖, 청주 2.5㎖, 소금 0.4g, 후춧가루 0.1g
- **조림장** : 간장 7㎖, 설탕 7g, 맛술 7㎖, 올리고당 3.5㎖, 레몬즙 3.5㎖, 참기름 2.5㎖, 후춧가루 0.1g

mushroom story

구 분	조리 후 중량	적정배식온도	총열량	총가열시간	총조리시간	주요조리도구
중·고등학생	110g(1인분)	65~70℃	460kcal	45분	60분	소스팬, 오븐 또는 찜기

- 재료 및 분량 : 닭날개 120g, 새송이 30g, 청양고추 3g
- 밑간 양념 : 핫소스 7.5㎖, 생강즙 5㎖, 청주 3.5㎖, 소금 0.5g, 후춧가루 0.1g
- 조림장 : 간장 10㎖, 설탕 10g, 맛술 10㎖, 올리고당 5㎖, 레몬즙 5㎖, 참기름 3.5㎖, 후춧가루 0.1g

mushroom story

새송이꽁치조림

재료준비와 만드는 법

1. 꽁치는 내장과 머리를 잘라 내고 깨끗이 씻은 후 3~4등분하여 자르고, 새송이는 2등분으로 잘라 +자형으로 가른다.
2. 무는 도톰하게 은행잎 모양으로 썰고, 표고도 4등분하여 은행잎 모양으로 썬다.
3. 꽈리고추는 꼭지를 떼고, 대파는 5cm 길이로 자르고, 생강은 얇게 슬라이스한다.
4. 냄비에 무와 버섯을 깔고 꽁치와 생강, 꽈리고추, 대파, 분량의 양념 재료를 넣어 은근하게 윤기가 나도록 자작하게 조린다.

> Note 생꽁치는 소금물에 씻어서 사용하고, 냉동 꽁치는 소금물에 1시간 정도 담가두었다가 사용한다.

구 분	조리 후 중량	적정배식온도	총열량	총가열시간	총조리시간	주요조리도구
초등학생	77g(1인분)	65~70℃	178kcal	23분	60분	냄비

- **재료 및 분량** : 꽁치 61g, 새송이 17.5g, 표고 5.6g, 무 17.5g, 꽈리고추 4.9g, 생강 0.8g, 대파 7g
- **양 념** : 설탕 1.3g, 조미술 17.5㎖, 청주 17.5㎖, 간장 9.1㎖, 고운 고춧가루 0.4g, 카레가루 0.1g, 다시마 육수 35㎖

mushroom story

구 분	조리 후 중량	적정배식온도	총열량	총가열시간	총조리시간	주요조리도구
중·고등학생	110g(1인분)	65~70℃	254kcal	23분	60분	냄비

- **재료 및 분량** : 꽁치 1/2마리(87g), 새송이 25g, 표고 8g, 무 25g, 꽈리고추 7g, 생강 1.2g, 대파 10g
- **양 념** : 설탕 1.8g, 조미술 25㎖, 청주 25㎖, 간장 13㎖, 고운 고춧가루 0.5g, 카레가루 0.2g, 다시마 육수 50㎖

mushroom story

새송이버섯전

🍲 재료준비와 만드는 법

1. 새송이는 깨끗이 씻어 가로로 2등분으로 자르고 세로로 도톰하게 썬 후 소금, 후추를 뿌려 간한다.
2. 밀가루와 물, 달걀, 소금을 섞어 반죽을 한다.
3. 새송이에 여분의 밀가루를 고루 묻힌 후 밀가루 반죽을 씌운다.
4. 팬을 달구어 식용유를 두르고 ③의 버섯을 올린 다음 불을 줄여 타지 않도록 앞뒤로 뒤집어가면서 노릇노릇하게 지진다.
5. 초간장을 만들어 곁들인다.

구 분	조리 후 중량	적정배식온도	총열량	총가열시간	총조리시간	주요조리도구
초등학생	32g(1인분)	70~75℃	75kcal	20분	40분	프라이팬

- **재료 및 분량** : 새송이 25g, 밀가루 9.1g, 물 7㎖, 달걀 3.5g, 소금 0.3g, 후추 0.1g, 식용유 2.1㎖, 여분의 밀가루
- **초간장** : 간장 3.5㎖, 식초 3.5㎖, 물 3.5㎖, 잣가루 0.7g

구 분	조리 후 중량	적정배식온도	총열량	총가열시간	총조리시간	주요조리도구
중·고등학생	45g(1인분)	70~75℃	107kcal	20분	40분	프라이팬

- **재료 및 분량** : 새송이 35g, 밀가루 13g, 물 10㎖, 달걀 5g, 소금 0.4g, 후추 0.1g, 식용유 3㎖, 여분의 밀가루
- **초간장** : 간장 5㎖, 식초 5㎖, 물 5㎖, 잣가루 1g

mushroom story

미니새송이덮밥

 재료준비와 만드는 법

1. 미니새송이는 깨끗이 씻어 길게 모양대로 도톰하게 썬다.
2. 양파는 반을 잘라 얇게 채 썰고, 미나리는 잎을 떼어 깨끗이 씻어놓는다.
3. 달걀을 풀어 미나리 잎을 섞어놓는다.
4. 〈육수〉 분량의 물을 불에 올려 활발히 끓어오르면 불을 끄고 가다랑어포를 넣어 30분간 두었다가 고운체에 걸러 낸다.
5. 냄비에 육수(200㎖, 초등학생은 140㎖)와 간장, 조미술, 설탕을 넣고 설탕이 녹을 정도로 잠시 끓인다.
6. ⑤의 육수에 채 썬 양파와 미니새송이를 넣고 끓이다가 70% 정도 익었을 때 불을 약하게 줄인 후 달걀을 흘려 넣고 1분 정도 그대로 둔다.
7. 각각의 그릇에 밥을 담고 그 위에 덮밥 소스를 국자로 떠서 나누어 붓고 김 가루를 뿌려 낸다.

> Note: 버섯은 조리할 때 가능한 양념을 쓰지 않는 것이 좋다.

구 분	조리 후 중량	적정배식온도	총열량	총가열시간	총조리시간	주요조리도구
초등학생	294g(1인분)	65~70℃	298kcal	25분	60분	냄비

- **재료 및 분량** : 미니새송이 21g, 양파 14g, 미나리 잎 1.1g, 달걀 10.5g, 김 가루 0.1g, 밥 140g
- **육 수** : 물 227.5㎖, 가다랑어포 1.1g, 조미술 31.5㎖, 진간장 21㎖, 설탕 10.5g

mushroom story

구 분	조리 후 중량	적정배식온도	총열량	총가열시간	총조리시간	주요조리도구
중·고등학생	420g(1인분)	65~70℃	425kcal	25분	60분	냄비

- **재료 및 분량** : 미니새송이 30g, 양파 20g, 미나리 잎 1.5g, 달걀 1/4개(15g), 김 가루 0.2g, 밥 200g
- **육 수** : 물 325㎖, 가다랑어포 1.5g, 조미술 45㎖, 진간장 30㎖, 설탕 15g

mushroom story

새송이스테이크덮밥

재료준비와 만드는 법

1. 쇠고기는 사방 2cm 크기로 썰어 쇠고기 밑간 양념에 30분 정도 버무려둔다.
2. 숙주는 머리와 꼬리를 다듬어 깨끗이 씻는다.
3. 새송이는 깨끗이 씻어 작은 것은 그대로 쓰고 큰 것은 반으로 썬다.
4. 피망은 5cm 길이로 굵게 채 썬다.
5. 냄비에 데리야끼 소스 재료를 넣고 약한 불에서 걸쭉하게 될 때까지 끓인다.
6. 달군 팬에 버터를 두르고 새송이를 볶다가 숙주와 피망을 넣고 소금과 후춧가루로 간하여 숨이 죽지 않을 정도로 살짝 볶는다.
7. 쇠고기를 센 불에서 데리야끼 소스로 볶는다.
8. 접시에 따뜻한 밥을 담고 구운 쇠고기와 볶은 채소를 얹어 낸다.

> Note 숙주 다듬기가 번거로우면 깨끗이 씻어 그대로 쓰거나 양파를 채 썰어 이용한다.

구 분	조리 후 중량	적정배식온도	총열량	총가열시간	총조리시간	주요조리도구
초등학생	175g(1인분)	65~70℃	275kcal	20분	45분	프라이팬, 냄비

- **재료 및 분량** : 밥 128.5g, 쇠고기 50g, 미니새송이 28g, 숙주 28g, 피망 14g, 식용유 2.5㎖, 버터 2.5g, 소금 0.7g, 후춧가루 0.1g
- **쇠고기 밑간 양념** : 적포도주 2.7㎖, 소금 0.7g, 후춧가루 0.1g
- **데리야끼 소스** : 간장 5.6㎖, 맛술 5.6㎖, 적포도주 2.7㎖, 설탕 2.7g, 물 2.7㎖, 물녹말 1㎖(녹말가루 0.6g, 물 1㎖), 참기름 1.4㎖, 다진 마늘 0.7g

mushroom story

구 분	조리 후 중량	적정배식온도	총열량	총가열시간	총조리시간	주요조리도구
중·고등학생	250g(1인분)	65~70℃	384kcal	20분	45분	프라이팬, 냄비

- **재료 및 분량** : 밥 180g, 쇠고기 70g, 미니새송이 40g, 숙주 40g, 피망 20g, 식용유 3.5㎖, 버터 3.5g, 소금 1g, 후춧가루 0.1g
- **쇠고기 밑간 양념** : 적포도주 3.8㎖, 소금 1g, 후춧가루 0.1g
- **데리야끼 소스** : 간장 7.8㎖, 맛술 7.8㎖, 적포도주 3.8㎖, 설탕 3.8g, 물 3.8㎖, 물녹말 1.5㎖(녹말가루 1g, 물 1.5㎖), 참기름 2㎖, 다진 마늘 1g

mushroom story

새송이닭가슴살리조또

재료준비와 만드는 법

1. 쌀은 깨끗이 씻어 30분간 물에 담가 불린 후에 체에 밭쳐 물기를 뺀다.
2. 닭가슴살은 사방 1cm 크기로 썰어 소금과 후춧가루로 밑간한다.
3. 새송이는 어슷 썰고, 느타리는 밑동을 자른 후에 굵게 찢는다.
4. 피망은 잘게 다지고, 새싹채소는 지저분한 부분을 손질하여 깨끗이 씻는다.
5. 파마산 치즈를 잘게 다진다.
6. 두꺼운 냄비에 올리브유를 두르고 불린 쌀에 향이 배도록 볶는다.
7. ⑥에 닭가슴살을 넣어 중불에서 볶다가 쌀알이 투명해지면 손질한 버섯과 쇠고기 육수를 넣어 가볍게 섞어가며 끓인다.
8. 국물이 자작하게 줄어들면 다진 피망을 넣고 약한 불에서 계속 저어 주면서 볶다가 다진 파마산 치즈와 생크림을 넣고 잘 섞은 뒤에 참기름, 소금, 후춧가루를 넣어 간한다.
9. 그릇에 완성된 리조또를 담고 그 위에 새싹채소를 올려준다.

구 분	조리 후 중량	적정배식온도	총열량	총가열시간	총조리시간	주요조리도구
초등학생	210g(1인분)	40~60℃	377kcal	30분	50분	냄비

• **재료 및 분량** : 쌀 64g, 닭가슴살 21g, 새송이 36g, 느타리 21g, 파마산 치즈 3.5g, 피망 7g, 새싹채소 2.1g, 올리브유 3.5㎖, 쇠고기 육수 107㎖, 생크림 3.5㎖, 참기름 1.8㎖, 소금 1.4g, 후춧가루 0.1g

mushroom story

구 분	조리 후 중량	적정배식온도	총열량	총가열시간	총조리시간	주요조리도구
중·고등학생	300g(1인분)	40~60℃	530kcal	30분	50분	냄비

- 재료 및 분량 : 쌀 90g, 닭가슴살 30g, 새송이 50g, 느타리 30g, 피망 10g, 파마산 치즈 5g, 새싹채소 3g, 올리브유 5㎖, 쇠고기 육수 150㎖, 생크림 5㎖, 참기름 2.5㎖, 소금 2g, 후춧가루 0.1g

mushroom story

미니새송이사과소스장아찌

 재료준비와 만드는 법

1. 미니새송이를 깨끗이 씻어 도톰하게 썬 다음 소금과 물엿을 넣고 2시간 정도 재워둔다.
2. 사과는 껍질과 씨를 제거해 강판에 곱게 갈고, 레몬은 즙을 짠다.
3. 〈양념장〉 냄비에 곱게 간 사과와 물엿을 넣고 5분 정도 끓이다가 고추장을 넣고 6분 정도 볶은 다음 레몬즙을 넣고 잠시 더 끓여 차게 식힌다.
4. 버섯을 체에 받쳐 물기를 뺀 다음 양념장을 넣고 버무려 용기에 담고 하루 정도 맛을 들인다.

구 분	조리 후 중량	적정배식온도	총열량	총가열시간	총조리시간	주요조리도구
초등학생	28g(1인분)	4~10℃	35kcal	15분	2시간 10분	냄비, 강판

- **재료 및 분량** : 미니새송이 17.5g, 소금 0.7g, 물엿 2.5g
- **양념장** : 사과 8.4g, 레몬즙 2.1㎖, 고추장 9.1g, 물엿 0.7g

구 분	조리 후 중량	적정배식온도	총열량	총가열시간	총조리시간	주요조리도구
중·고등학생	40g(1인분)	4~10℃	50kcal	15분	2시간 10분	냄비, 강판

- **재료 및 분량** : 미니새송이 25g, 소금 1g, 물엿 3.5g
- **양념장** : 사과 12g, 레몬즙 3㎖, 고추장 13g, 물엿 1g

mushroom story

새송이토마토탕수

재료준비와 만드는 법

1. 새송이는 2등분으로 잘라 4~6등분으로 가른다.
2. 대파는 어슷하게 썰고, 생강은 곱게 다진다.
3. 체리토마토는 반으로 자르고, 양파와 피망은 큼직하게 사각으로 썰고, 완두콩은 삶아놓는다.
4. ①의 버섯에 녹말가루와 달걀을 섞어서 튀김유(180℃)에 바삭하게 튀긴다.
5. 팬에 식용유를 두르고 ②, ③의 재료를 넣고 볶다가 간장, 식초, 물, 토마토케첩, 설탕, 물녹말을 넣고 소스를 만든다.
6. 튀긴 버섯을 소스에 넣고 가볍게 섞어 접시에 담는다.

구 분	조리 후 중량	적정배식온도	총열량	총가열시간	총조리시간	주요조리도구
초등학생	133g(1인분)	60~75℃	191kcal	15분	40분	프라이팬

- **재료 및 분량** : 새송이 35g, 녹말가루 21g, 달걀 7g, 체리토마토 5.6g, 피망 3.5g, 홍피망 3.5g, 양파 7g, 완두콩 0.7g, 식용유(튀김용) 35㎖
- **소 스** : 대파 1.4g, 생강 0.2g, 식용유(볶음용) 0.9㎖, 식초 3.5㎖, 간장 2.8㎖, 물 31.5㎖, 설탕 14g, 토마토케첩 9.1g, 물녹말 3g

구 분	조리 후 중량	적정배식온도	총열량	총가열시간	총조리시간	주요조리도구
중·고등학생	190g(1인분)	60~75℃	273kcal	15분	40분	프라이팬

- **재료 및 분량** : 새송이 50g, 녹말가루 30g, 달걀 10g, 체리토마토 8g, 피망 5g, 홍피망 5g, 양파 10g, 완두콩 1g, 식용유(튀김용) 50㎖
- **소 스** : 대파 2g, 생강 0.3g, 식용유(볶음용) 1.3㎖, 식초 5㎖, 간장 4㎖, 물 45㎖, 설탕 20g, 토마토케첩 13g, 물녹말 4.3g

mushroom story

헝가리안식 미니새송이굴라쉬

 재료준비와 만드는 법

1. 쇠고기는 2cm 크기의 사각으로 썰고, 양파도 같은 크기로 썬다.
2. 미니새송이는 굵은 것은 반을 갈라놓고, 마늘은 다진다.
3. 팬에 식용유를 둘러 달군 후 마늘과 쇠고기를 넣고 골고루 갈색이 나도록 볶다가 파프리카 가루(Paprika ground)를 넣고 잠시 더 볶아 냄비에 담고 육수를 부어 1시간 정도 은근하게 끓인다.
4. 쇠고기를 볶은 팬에 양파와 버섯을 넣고 볶다가 캐러웨이 씨(Caraway Seed), 토마토페이스트를 넣고 잘 볶아 ③에 넣고 뭉근한 불에서 걸쭉한 농도가 되도록 30분 정도 더 끓인다.
5. 쇠고기가 연하게 익고, 소스의 농도가 맞으면 소금, 후추로 간하여 완성한다.
6. 따뜻한 밥을 그릇에 담고 미니새송이굴라쉬를 얹어 담는다.

구 분	조리 후 중량	적정배식온도	총열량	총가열시간	총조리시간	주요조리도구
초등학생	140g(1인분)	55~75℃	270kcal	1시간 30분	1시간 50분	냄비, 프라이팬

- **재료 및 분량 :** 쇠고기(우둔살) 52.5g, 미니새송이 52.5g, 양파 52.5g, 마늘 5.3g, 식용유 5.3㎖, 토마토페이스트 10.5g, 파프리카 가루 6.2g, 쇠고기 육수 518㎖, 캐러웨이 씨 0.2g, 월계수 잎 1/5개, 소금 2g, 후추 0.1g

구 분	조리 후 중량	적정배식온도	총열량	총가열시간	총조리시간	주요조리도구
중·고등학생	250g(1인분)	55~75℃	385kcal	1시간 30분	1시간 50분	냄비, 프라이팬

- 재료 및 분량 : 쇠고기(우둔살) 75g, 미니새송이 75g, 양파 75g, 마늘 7.5g, 식용유 7.5㎖, 토마토페이스트 15g, 파프리카 가루 8.9g, 쇠고기 육수 740㎖, 캐러웨이 씨 0.3g, 월계수 잎 1/4개, 소금 3g, 후추 0.3g

mushroom story

Part 3. 양송이

■ 양송이를 이용한 요리

양송이는 맛과 향이 우수하여 서양요리에도 많이 활용되는 버섯으로 구이, 조림, 샐러드, 볶음, 전골, 찌개, 밥 등에 사용한다.

■ 양송이 손질법

- 깨끗한 물에 담가 버섯갓에 묻은 흙이나 잡티를 제거한다.
- 소쿠리에 밭쳐 물기를 제거한다.
- 버섯 밑동은 칼로 깨끗이 자른다.
- 생버섯을 사용할 때는 버섯 대가 위로 향하게 뒤집어 살짝 잡고 과도로 갓의 끝 부분부터 밑으로 내려가며 겉껍질을 벗겨 내고 사용한다.

■ 양송이 보관법

- 변색이 빨라 보관이 쉽지 않다.
- 사용하고 남은 버섯은 키친타월로 싸서 밀폐용기에 넣어 냉장고에 보관한다.
- 갓이 퍼지고 주름살의 색택이 연갈색에서 짙어지면 요리 후에 검은 물이 나오므로 버린다.

양송이

학 명 *Agaricus bisporus* Hongo
분 류 주름버섯목 주름버섯과 주름버섯속
분 포 유럽원산으로 북반구 온대지역에 주로 분포
서 식 여름~가을에 풀밭, 퇴비더미 주위에 군생

버섯 종류 중 세계적으로 많이 재배되고 있는 버섯 중의 하나이며 품종 또한 많다. 양송이는 갓의 색깔에 따라 크게 백색종, 갈색종, 크림색 종으로 구분하고 있다. 양송이 재배는 1650년경 프랑스 파리 근교에서 처음 시작되었으나 점차 유럽과 미국으로 확대되었다. 우리나라에는 1960년대에 도입되었다. 흔히 버섯을 mushroom 이라고 하는데 유럽과 미국에서는 양송이를 대표하는 통칭으로 사용한다.

양송이는 암실 재배사, 터널 등에서 볏짚으로 균상을 만들고 흙을 덮어 재배하며 충남 부여, 경주 건천 등지에서 많이 생산되고 있다. 양송이는 단백질의 구성물질인 아미노산을 풍부하게 함유하고 있어, 양질의 단백질 공급이 가능한 버섯이다.

mushroom story

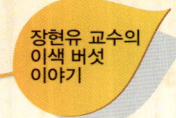

장현유 교수의 이색 버섯 이야기

서양의 송이에 해당하는
『양송이』

양송이는 표고·풀버섯과 함께 세계적으로 가장 많이 재배되는 3대 재배버섯의 하나이다. 여름과 가을철 잔디밭이나 퇴비더미 주위에 무리 지어 발생하는데, 한국을 비롯한 동아시아·유럽·북미·호주 등에 분포한다.

양송이의 재배는 17세기 말 프랑스에서 시작됐는데, 근대적인 재배는 1890년 순수 배양한 종균의 제조에 성공하면서부터이다. 처음에는 프랑스의 독점적 사업이었으나 점차 유럽과 미국 등지로 확산됐다. 현재 미국·프랑스·태국·영국의 순으로 생산량이 많으며 네덜란드와 우리나라도 생산량이 많다.

예전과 달리 현재는 양송이 재배에 벼·보리·밀짚과 황산암모늄·석회질소·요소·과인산석회 등을 섞어서 발효·숙성시킨 인조 퇴비를 이용하는데, 종균을 접종한 후 40일경부터 2개월 정도 수확을 계속한다. 재배품종은 백색종·갈색종·크림색종의 3종이 있다.

양송이는 단백질·탄수화물·칼슘·인·철·비타민 등의 영양소를 고루 함유하고 있는데, 특히 비타민 D와 타이로시나제·엽산·전분을 함유해 혈압·당뇨·빈혈에 효과가 있다. 버섯의 식용 가치는 단백질 함유량으로도 판단하는데, 양송이는 필수아미노산의 함량이 육류나 다른 채소보다 높다. 이 때문에 표고·느타리와 함께 대표적인 저열량 고단백 식품으로 인정받고 있다. 또 양송이에 많은 비타민 B는 요즘처럼 자외선이 강한 날씨에 거칠어진 피부를 좋게 한다. 또한 면역기능을 활성화시켜 암세포의 활동을 억제하는 베타 글루칸이 풍부하고, 특히 비타민 B가 버섯 중에 가장 많아 양송이 5~6개면 하루 필요량을 보충할 수 있다.

맛이 달고 성질이 순한 양송이는 소화를 돕고 정신을 맑게 하며 고혈압을 예방·치료한다. 소화가 안 될 때는 매일 생버섯 150g을 볶거나 끓여 먹고, 고혈압에는 생버섯 180g을 끓여 1일 2회 복용한다. 생버섯 150~180g을 끓여 먹으면 산모의 젖 분비량을 늘려준다.

다른 식품과 함께 조리하면 그 식품 고유의 향기가 완전히 나오도록 돕는 신비한 매력의 양송이는 피자 등 양식 재료뿐만 아니라 샐러드·구이·산적·조림·통조림용 등 쓰임새가 다양하다는 것도 특징이다.

한국농수산대학 버섯학과

mushroom story

양송이의 기능성 및 효능에 관한 주요 논문 및 특허 자료

Inhibition of Inducible Nitric Oxide Synthase by Agaricus bisporus Extract in RAW 264.7 Macrophages.
Ahn, J., Lee, H., Moon, M., Kim, S., Ha, T. (2008.Food Sci. Nutr. 13:362-365)
- 양송이의 항산화 효과와 염증관련 물질인 NO를 생산하는 iNOS(inducible nitric oxide synthase)의 활성을 방해하여 염증반응 억제 효과

Antioxidative and antimutagenic effects of Agaricus bisporus ethanol extracts.
(2009. Journal of the Korean Society of Food Science and Nutrition. 38(1)19-24.)
- 양송이 추출물이 지질과산화물의 생성을 저해하는 효과

Evaluation of antimicrobial and antioxidant activities and phytochemical analysis of white button mushroom Agaricus bisporus.
Jain, P, Choudhary, S. (2012.International Journal of Pharmaceutical Sciences Review and Research. 15(2)85-89.)
- 양송이의 병원균에 대한 항균력, 다양한 phytochemical의 항산화력에 관한 연구

Macrophage immunomodulating and antitumor activities of polysaccharides isolated from Agaricus bisporus white button mushrooms.
(2012.Journal of Medicinal Food.15(1)58-65.)
- 양송이 다당체의 다양한 면역인자 증가 기능과 암세포에 대한 독성 효과

The bioavailability of ergothioneine from mushrooms (Agaricus bisporus) and the acute effects on antioxidant capacity and biomarkers of inflammation. Weigand-Heller AJ, Kris-Etherton PM, Beelman RB. (2012. Prev. Med. 54 S75-8.)
- 양송이의 ergothioneine이 보이는 항산화력과 면역력 증강 효과

Dietary intake of Agaricus bisporus white button mushroom accelerates salivary immunoglobulin A secretion in healthy volunteers.
Jeong, S.C, Koyyalamudi, S.R, Pang, G. (2012. Nutrition. 28(5): 527-531.)
- 양송이가 SIg A(Secretory immunoglobulin A)의 생성을 높여 면역력을 증가

양송이 균사체 또는 자실체의 추출물을 유효성분으로 함유하는 항노화 및 피부 주름 개선용 조성물
(Composition comprising extract of mycelium or fruit body of Agaricus bisporus having anti-aging and anti-wrinkle activity)
출원번호(일자): 10-2010-0008647 (20100129)
- 양송이 추출물의 엘라스타제 활성 억제로 인한 항노화 및 피부 주름 개선 효과

양송이브로콜리깨된장무침

재료준비와 만드는 법

1. 양송이는 기둥을 떼어 내고 큰 것은 갓을 4등분하고 작은 것은 2등분한다.
2. 브로콜리는 한 송이씩 떼어 깨끗이 씻은 후에 먹기 좋은 크기로 자른다.
3. 양파와 당근은 사방 2cm 크기로 썬다.
4. 분량의 재료를 섞어 깨된장 소스를 만든다.
5. 양파, 양송이, 브로콜리, 당근의 순서로 끓는 물에 소금을 넣고 각각 데쳐 내어 찬물에 담갔다가 체에 밭쳐 물기를 뺀다.
6. 먹기 직전에 준비한 양파, 양송이, 브로콜리, 당근을 깨된장 소스에 살살 버무려 낸다.

구 분	조리 후 중량	적정배식온도	총열량	총가열시간	총조리시간	주요조리도구
초등학생	35g(1인분)	4~10℃	45kcal	5분	20분	냄비

- **재료 및 분량** : 양송이 21g, 브로콜리 11g, 양파 7g, 당근 3.5g, 소금 0.4g
- **깨된장 소스** : 간장 3.5㎖, 깨소금 3.5g, 된장 1g, 맛술 1㎖, 마요네즈 1㎖, 설탕 0.7g, 참기름 0.7㎖

mushroom story

구 분	조리 후 중량	적정배식온도	총열량	총가열시간	총조리시간	주요조리도구
중·고등학생	50g(1인분)	4~10℃	63kcal	5분	20분	냄비

- **재료 및 분량** : 양송이 30g, 브로콜리 15g, 양파 10g, 당근 5g, 소금 0.5g
- **깨된장 소스** : 간장 5㎖, 깨소금 5g, 된장 1.5g, 맛술 1.5㎖, 마요네즈 1.5㎖, 설탕 1g, 참기름 1㎖

mushroom story

양송이버섯쇠고기볶음

재료준비와 만드는 법

1. 양송이는 깨끗이 씻어 4등분으로 썰고, 양파, 청피망, 홍피망은 한 입 크기로 썬다.
2. 죽순은 반을 갈라 깨끗이 씻은 후 빗살 무늬가 보이도록 썰고, 마늘은 얇게 저민다.
3. 쇠고기 등심은 넓적하게 한입 크기로 썰어 칼끝으로 잔 칼집을 넣어 부드럽게 한다.
4. 팬에 식용유를 둘러 달군 후 저민 마늘과 쇠고기를 넣고 양면에 갈색이 나도록 굽는다.
5. ④에 양송이와 양파, 죽순, 피망을 넣고 볶으면서 소주, 굴소스, 후추, 참기름을 넣어 맛을 낸다.

구 분	조리 후 중량	적정배식온도	총열량	총가열시간	총조리시간	주요조리도구
초등학생	51g(1인분)	40~60℃	102kcal	10분	30분	프라이팬

- **재료 및 분량** : 양송이 17.5g, 쇠고기(등심) 17.5g, 양파 6.3g, 죽순 6.3g, 청피망 3.5g, 홍피망 3.5g, 마늘 3.5g, 식용유 3.5㎖, 굴소스 3.5g, 소주 3.5㎖, 참기름 1.8㎖, 후추 0.07g

mushroom story

구 분	조리 후 중량	적정배식온도	총열량	총가열시간	총조리시간	주요조리도구
중·고등학생	73g(1인분)	40~60℃	145kcal	15분	30분	프라이팬

• 재료 및 분량 : 양송이 25g, 쇠고기(등심) 25g, 양파 9g, 죽순 9g, 청피망 5g, 홍피망 5g, 마늘 5g, 식용유 5㎖, 굴소스 5g, 소주 5㎖, 참기름 2.5㎖, 후추 0.1g

mushroom story

양송이브로콜리볶음

재료준비와 만드는 법

1. 양송이는 깨끗이 씻어 물기를 말린 후 +자형으로 썬다.
2. 브로콜리는 양송이와 같은 크기로 다듬어 끓는 물에 여분의 소금을 넣고 데친 후 찬물에 식혀 물기를 뺀다.
3. 마늘과 대파, 파슬리는 곱게 다지고, 양파는 반을 갈라 곱게 채 썬다.
4. 팬에 버터와 올리브오일을 두르고 다진 마늘과 대파, 파슬리, 양파를 볶다가 양송이를 넣고 잠시 더 볶은 뒤 브로콜리를 넣고 볶으면서 소금과 으깬 통후추로 간을 한다.
5. 양송이가 노릇하게 볶아지면 와인을 넣고 졸인 뒤 생크림을 넣고 자작해질 때까지 볶으면서 치즈가루를 뿌려 잠시 더 볶는다.
6. 양송이 볶음을 접시에 담고 치즈가루와 파슬리를 뿌린다.

구 분	조리 후 중량	적정배식온도	총열량	총가열시간	총조리시간	주요조리도구
초등학생	45.5g(1인분)	65~70℃	96kcal	15분	30분	프라이팬

- **재료 및 분량** : 양송이 17.5g, 브로콜리 17.5g, 마늘 1.3g, 대파 1.8g, 양파 8.4g, 파슬리 0.1g, 화이트와인 3.5㎖, 생크림 21㎖, 올리브오일 1.3㎖, 버터 1.3g, 파마산 치즈 0.9g, 소금 1.1g, 으깬 통후추 0.4g, 여분의 소금

mushroom story

구 분	조리 후 중량	적정배식온도	총열량	총가열시간	총조리시간	주요조리도구
중·고등학생	65g(1인분)	65~70℃	137kcal	15분	30분	프라이팬

- **재료 및 분량** : 양송이 25g, 브로콜리 25g, 마늘 1.9g, 대파 2.5g, 양파 12g, 파슬리 0.2g, 화이트와인 5㎖, 생크림 30㎖, 올리브오일 1.9㎖, 버터 1.9g, 파마산 치즈 1.3g, 소금 1.5g, 으깬 통후추 0.5g, 여분의 소금

mushroom story

양송이홍합조림

 ## 재료준비와 만드는 법

1. 양송이는 4등분으로 자르고, 마늘종은 깨끗이 씻어 3cm 길이로 썰고, 홍고추도 3cm 정도로 곱게 채 썬다.
2. 홍합은 뿌리를 다듬고 엷은 소금물에 깨끗이 씻어 물기를 뺀다.
3. 〈조림장〉 대파는 1cm 길이로 자르고, 마늘과 생강은 얇게 썰어 냄비에 담고, 나머지 분량의 재료를 넣어 은근하게 걸쭉한 농도가 되도록 중간불에서 끓인다.
4. 조림장에 버섯을 넣고 숨이 죽도록 끓이다가 홍합과 마늘종, 홍고추를 넣어 윤기나게 조린다.

구 분	조리 후 중량	적정배식온도	총열량	총가열시간	총조리시간	주요조리도구
초등학생	35g(1인분)	15~25℃	37kcal	15분	30분	프라이팬

- **재료 및 분량 :** 양송이 18.9g, 홍합살(냉동) 14g, 마늘종 4.9g, 홍고추 0.7g
- **조림장 :** 대파 1.2g, 마늘 1.8g, 생강 0.9g, 간장 2.9㎖, 맛술 1.8㎖, 물엿 1.8g, 참기름 0.9㎖, 후추 0.07g

구 분	조리 후 중량	적정배식온도	총열량	총가열시간	총조리시간	주요조리도구
중·고등학생	50g(1인분)	15~25℃	53kcal	15분	30분	프라이팬

- **재료 및 분량** : 양송이 27g, 홍합살(냉동) 20g, 마늘종 7g, 홍고추 1g
- **조림장** : 대파 1.7g, 마늘 2.5g, 생강 1.3g, 간장 4.2㎖, 맛술 2.5㎖, 물엿 2.5g, 참기름 1.3㎖, 후추 0.1g

mushroom story

양송이볶음밥

🍲 재료준비와 만드는 법

1. 양송이는 1cm 크기의 사각으로 썰거나 얇게 썰고, 당근과 양파는 쌀알 크기로 잘게 썬다.
2. 소스용 양파와 마늘, 파슬리는 곱게 다진다.
3. 〈소스〉 팬에 올리브오일과 버터를 두르고 다진 양파와 마늘을 넣고 볶은 후 육수와 소금, 후추, 파슬리를 넣고 40g이 되도록 끓인다.
4. 팬에 버터를 넣고 달군 후 양파, 양송이, 당근을 넣고 볶다가 밥을 넣고 잠시 더 볶은 후 소스를 넣고 볶는다.

구 분	조리 후 중량	적정배식온도	총열량	총가열시간	총조리시간	주요조리도구
초등학생	210g(1인분)	40~60℃	307kcal	20분	30분	프라이팬, 냄비

- **재료 및 분량** : 밥 119g, 양송이 42g, 당근 7g, 양파 14g, 버터 3.5g
- **소 스** : 양파 14g, 마늘 2.8g, 파슬리 0.4g, 올리브유 7㎖, 버터 3.5g, 닭 육수 11.2㎖, 소금 1.4g, 후추 0.07g

구 분	조리 후 중량	적정배식온도	총열량	총가열시간	총조리시간	주요조리도구
중·고등학생	300g(1인분)	40~60℃	438kcal	20분	30분	프라이팬, 냄비

- **재료 및 분량** : 밥 170g, 양송이 60g, 당근 10g, 양파 20g, 버터 5g
- **소 스** : 양파 20g, 마늘 4g, 파슬리 0.6g, 올리브유 10㎖, 버터 5g, 닭 육수 16㎖, 소금 2g, 후추 0.1g

mushroom story

양송이채소덮밥

재료준비와 만드는 법

1. 양송이와 표고는 깨끗이 씻어 얇게 썰고, 목이는 물에 불려 뿌리 쪽을 다듬고 한 잎씩 떼어 주물러 씻는다.
2. 양배추는 6×2cm의 골패형으로 썰고, 피망도 씨를 뺀 후 같은 크기로 썬다.
3. 숙주는 머리와 꼬리를 다듬어 깨끗이 씻고, 마늘은 얇게 저며 썬다.
4. 돼지고기는 양배추와 같은 크기로 얇게 썬다.
5. 팬에 식용유를 넣고 달군 후 돼지고기와 마늘을 넣고 볶으면서 조미술을 넣는다.
6. 돼지고기가 색이 나게 볶아지면 ①, ②, ③의 재료를 넣고 볶으면서 굴소스와 간장, 참기름, 후추로 간을 하여 윤기나게 볶는다.
7. 개개의 그릇에 밥을 담고 버섯 볶음을 올려 담는다.

Note 볶을 때 채소에서 수분이 나와 촉촉한 상태로 볶는다.

구 분	조리 후 중량	적정배식온도	총열량	총가열시간	총조리시간	주요조리도구
초등학생	210g(1인분)	40~60℃	278kcal	10분	30분	프라이팬

- **재료 및 분량**: 양송이 17.5g, 생표고 9.1g, 불린 목이 3.5g, 양배추 14g, 숙주 12.6g, 피망 7g, 돼지고기 17.5g, 마늘 3.5g, 조미술 3.5㎖, 굴소스 5.6g, 진간장 5.6㎖, 참기름 2.8㎖, 후추 0.1g, 밥 126g

mushroom story

구 분	조리 후 중량	적정배식온도	총열량	총가열시간	총조리시간	주요조리도구
중·고등학생	300g(1인분)	40~60℃	397kcal	10분	30분	프라이팬

- **재료 및 분량** : 양송이 25g, 생표고 13g, 불린 목이 5g, 양배추 20g, 숙주 18g, 피망 10g, 돼지고기 25g, 마늘 5g, 조미술 5㎖, 굴소스 8g, 진간장 8㎖, 참기름 4㎖, 후추 0.2g, 밥 180g

mushroom story

양송이된장두부덮밥

 재료준비와 만드는 법

1. 양송이는 깨끗이 씻어 4등분으로 썰고 두부는 사방 2cm 크기의 주사위 모양으로 썬다.
2. 대파, 홍고추, 풋고추는 동그랗게 얇게 썰어 씨를 털고, 생강과 마늘은 곱게 다진다.
3. 분량의 다시마 육수에 된장과 고추장을 풀어 고운체에 거른다.
4. 팬에 참기름을 두르고 다진 생강과 돼지고기를 먼저 볶다가 양송이를 넣고 엷은 갈색이 나도록 볶은 뒤 청주를 넣고 잠시 더 볶는다.
5. ④에 된장 육수와 두부를 넣고 끓이면서 대파, 고추, 마늘을 넣어 맛이 어우러지도록 끓인다.
6. 따뜻한 밥을 그릇에 담고 소스를 끼얹는다.

구 분	조리 후 중량	적정배식온도	총열량	총가열시간	총조리시간	주요조리도구
초등학생	226g(1인분)	70~75℃	335kcal	20분	30분	프라이팬, 냄비

- **재료 및 분량 :** 양송이 35g, 두부 35g, 다진 돼지고기 17.5g, 대파 7g, 풋고추 3.5g, 홍고추 2.1g, 참기름 2.8㎖, 청주 5.6㎖, 된장 11.9g, 고추장 4.8g, 다시마 육수 87.5㎖, 마늘 1.8g, 생강 0.7g, 밥 126g

구 분	조리 후 중량	적정배식온도	총열량	총가열시간	총조리시간	주요조리도구
중·고등학생	380g(1인분)	70~75℃	479kcal	20분	30분	프라이팬, 냄비

- **재료 및 분량** : 양송이 50g, 두부 50g, 다진 돼지고기 25g, 대파 10g, 풋고추 5g, 홍고추 3g, 참기름 4㎖, 청주 8㎖, 된장 17g, 고추장 6.8g, 다시마 육수 125㎖, 마늘 2.5g, 생강 1g, 밥 180g

mushroom story

양송이자장면

재료준비와 만드는 법

1. 돼지고기와 양송이, 양파는 1.2cm 정도 크기의 사각으로 썰고 생강은 곱게 다진다.
2. 팬을 뜨겁게 달구어 식용유와 춘장을 넣고 계속 저어주면서 구수한 냄새가 나도록 서서히 볶은 후 고운체에 밭쳐 기름은 따로 둔다.
3. 팬에 춘장 볶은 기름 15㎖를 넣고 달군 후 돼지고기, 생강, 간장, 양파, 양송이 순으로 넣으며 센 불에서 볶다가 춘장과 육수를 넣고 잘 섞이도록 끓인다.
4. ③에 물녹말을 풀어 농도를 맞추고 소금과 설탕으로 간을 한다.
5. 면을 삶아서 그릇에 담고 소스를 곁들인다.

 자장면은 춘장을 볶는 과정에서 맛이 좌우되기 때문에 이 과정이 매우 중요하다. 야채를 볶을 때는 센 불에서 조리한다.

구 분	조리 후 중량	적정배식온도	총열량	총가열시간	총조리시간	주요조리도구
초등학생	280g(1인분)	65~70℃	359kcal	15분	30분	프라이팬

• 재료 및 분량 : 양송이 35g, 양파 35g, 돼지고기 10.5g, 생강 0.4g, 간장 1.4㎖, 설탕 1.1g, 소금 0.6g, 육수 52.5㎖, 물녹말 10.5㎖, 식용유 8.8㎖, 춘장 8.8g, 우동면(삶은 것) 140g

mushroom story

구 분	조리 후 중량	적정배식온도	총열량	총가열시간	총조리시간	주요조리도구
중·고등학생	400g(1인분)	65~70℃	513kcal	15분	30분	프라이팬

• **재료 및 분량** : 양송이 50g, 양파 50g, 돼지고기 15g, 생강 0.5g, 간장 2㎖, 설탕 1.5g, 소금 0.8g, 육수 75㎖, 물녹말 15㎖, 식용유 12.5㎖, 춘장 12.5g, 우동면(삶은 것) 200g

mushroom story

양송이카레

재료준비와 만드는 법

1. 양송이는 4등분으로 썰고, 새송이와 감자, 당근, 양파, 쇠고기는 1cm 크기로 깍둑썰기 한다.
2. 냄비에 식용유를 두르고 다진 마늘과 쇠고기를 넣고 볶은 후 육수를 붓고 쇠고기가 부드럽게 익도록 끓인다.
3. 팬에 버터를 녹인 후 카레가루와 밀가루를 섞어 넣고 구수한 냄새가 나도록 볶아 ②에 넣고 걸쭉한 농도가 될 때까지 은근하게 끓인다.
4. 다른 팬에 식용유를 두르고 양파와 버섯, 당근, 감자를 볶아 ③에 넣고 내용물이 익을 때까지 끓이면서 소금, 후추, 설탕으로 간을 맞춘다.

구 분	조리 후 중량	적정배식온도	총열량	총가열시간	총조리시간	주요조리도구
초등학생	175g(1인분)	70~75℃	190kcal	50분	60분	프라이팬, 냄비

- **재료 및 분량**: 양송이 49.7g, 쇠고기 24.5g, 감자 24.5g, 당근 11.9g, 양파 2.5g, 다진 마늘 2.5g, 밀가루 2.5g, 카레가루 2.5g, 버터 5g, 쇠고기 육수 168㎖, 설탕 0.14g, 소금 1g, 후추 0.1g, 식용유 3.8㎖

mushroom story

구 분	조리 후 중량	적정배식온도	총열량	총가열시간	총조리시간	주요조리도구
중·고등학생	250g(1인분)	70~75℃	271kcal	50분	60분	프라이팬, 냄비

- **재료 및 분량** : 양송이 71g, 쇠고기 35g, 감자 35g, 당근 17g, 양파 3.5g, 다진 마늘 3.5g, 밀가루 3.5g, 카레가루 3.5g, 버터 7g, 쇠고기 육수 240㎖, 설탕 0.2g, 소금 1.4g, 후추 0.1g, 식용유 5.4㎖

mushroom story

양송이수프

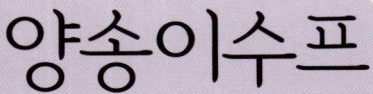

 재료준비와 만드는 법

1. 양송이를 깨끗이 씻어 물기를 뺀 뒤 얇게 썬다.
2. 양파는 쌀알 크기로 잘게 썰어놓는다.
3. 팬에 버터 1/2을 녹인 후 양파를 색이 나지 않게 볶다가 양송이를 넣고 충분히 볶는다.
4. ③의 내용물에 육수와 우유, 처빌(chervil)을 넣고 15분 정도 은근하게 끓인다.
5. ④를 믹서에 곱게 간 뒤 생크림을 넣고 7분 정도 은근하게 끓이면서 소금, 후추로 간한다.
6. 불을 약하게 줄여 남은 조각 버터를 넣고 나무주걱으로 부드럽게 저어 녹인다.

> Note ⑥의 과정에서 불을 최대한 약하게 줄인 후 조각 버터를 넣고 나무주걱으로 버터가 완전히 녹을 때까지 저어주어야 지방이 수분에 흡수되어 분리되지 않는다.

구 분	조리 후 중량	적정배식온도	총열량	총가열시간	총조리시간	주요조리도구
초등학생	140g(1인분)	65~80℃	175kcal	35분	40분	냄비

- **재료 및 분량** : 양송이 70g, 양파 26.3g, 버터 10.5g, 닭고기 육수 140ml, 우유 52.5ml, 처빌 0.7g, 생크림 8.8ml, 소금 1.3g, 흰 후추 0.1g

mushroom story

구 분	조리 후 중량	적정배식온도	총열량	총가열시간	총조리시간	주요조리도구
중·고등학생	200g(1인분)	65~80℃	250kcal	35분	40분	냄비

• 재료 및 분량 : 양송이 100g, 양파 37.5g, 버터 15g, 닭고기 육수 200㎖, 우유 75㎖, 처빌 1g, 생크림 12.5㎖, 소금 1.8g, 흰 후추 0.2g

mushroom story

양송이비프스트로가노프

재료준비와 만드는 법

1. 쇠고기는 가늘게 채 썰고, 양송이는 도톰하게 썬다.
2. 양파는 잘게 다지고, 피클은 가늘게 채 썬다.
3. 팬에 버터와 식용유를 두르고 양파, 쇠고기, 양송이 순으로 넣고 볶으면서 소금과 후추로 간한다.
4. ③에 데미그라스와 육수를 넣고 끓이면서 생크림을 넣고 농도에 맞게 졸인다.
5. 쇠고기와 소스가 어우러지게 익으면 소금과 후추로 간을 맞춘다.
6. 따뜻한 밥을 접시에 담고 소스를 부은 다음 채 썬 피클을 고명으로 곁들인다.

구 분	조리 후 중량	적정배식온도	총열량	총가열시간	총조리시간	주요조리도구
초등학생	280g(1인분)	40~60℃	474kcal	10분	30분	프라이팬

- **재료 및 분량** : 양송이 35g, 양파 17.5g, 쇠고기 35g, 식용유 4.9㎖, 버터 4.2g, 데미그라스 35g, 쇠고기 육수 117㎖, 생크림 21㎖, 소금 1.4g, 후추 0.1g, 파프리카 1.4g, 피클 8.4g, 밥 140g

구 분	조리 후 중량	적정배식온도	총열량	총가열시간	총조리시간	주요조리도구
중·고등학생	400g(1인분)	40~60℃	677kcal	30분	40분	프라이팬

- **재료 및 분량** : 양송이 50g, 양파 25g, 쇠고기 50g, 식용유 7㎖, 버터 6g, 데미그라스 50g, 쇠고기 육수 167㎖, 생크림 30㎖, 소금 2g, 후추 0.2g, 파프리카 2g, 피클 12g, 밥 200g

mushroom story

양송이감자그라탕

🍲 재료준비와 만드는 법

1. 감자는 깨끗이 씻어 껍질째로 큼직하게 썬 후에 15분 정도 찐다.
2. 양송이는 모양대로 썬다.
3. 양파는 사방 1.5cm 크기로 썬다.
4. 브로콜리는 한 송이씩 떼어 끓는 물에 소금을 넣고 살짝 데친다.
5. 팬에 기름을 두르고 양파를 넣고 볶다가 향이 나면 양송이를 넣고 소금과 후춧가루로 간하여 볶는다.
6. 달군 팬에 버터를 넣고 밀가루를 조금씩 넣어가면서 볶는다. 밀가루와 버터가 잘 섞여 노르스름해지면 우유를 넣고 끓이다가 소스가 끓어오르면 소금과 흰 후춧가루로 간을 하여 소스를 완성한다.
7. 그라탕 그릇에 버터를 고루 바르고 감자, 양송이, 양파, 브로콜리를 넣고 화이트 소스를 붓는다. 그 위에 피자치즈를 고루 뿌리고 180℃의 오븐에 넣어 치즈가 녹을 때까지 굽는다. 치즈가 녹으면 그라탕 그릇을 꺼내어 다진 파슬리와 베이비채소를 얹어 낸다.

> Note 화이트 소스를 만들 때 버터가 녹은 후에 밀가루를 조금씩 나누어 넣어가며 볶아야 뭉치지 않는다. 양송이감자그라탕에 김치볶음밥을 넣어도 한 끼 식사로 충분하다.

구 분	조리 후 중량	적정배식온도	총열량	총가열시간	총조리시간	주요조리도구
초등학생	140g(1인분)	65~70℃	380kcal	25분	50분	오븐, 프라이팬

- **재료 및 분량** : 양송이 21g, 감자 21g, 양파 14g, 브로콜리 11g, 베이비채소 3.5g, 피자치즈 56g, 버터 5g, 소금 0.7g, 다진 파슬리 0.4g
- **화이트 소스** : 버터 11g, 밀가루 11g, 우유 70㎖, 소금 0.4g, 흰 후춧가루 0.1g

mushroom story

구 분	조리 후 중량	적정배식온도	총열량	총가열시간	총조리시간	주요조리도구
중·고등학생	200g(1인분)	65~70℃	502kcal	25분	50분	오븐, 프라이팬

- **재료 및 분량** : 양송이 30g, 감자 30g, 양파 20g, 브로콜리 15g, 베이비채소 5g, 피자치즈 80g, 버터 7g, 소금 1g, 다진 파슬리 0.5g
- **화이트 소스** : 버터 15g, 밀가루 15g, 우유 100㎖, 소금 0.5g, 흰 후춧가루 0.1g

mushroom story

양송이샐러드

🍲 재료준비와 만드는 법

1. 양송이는 모양을 살려 편으로 도톰하게 썬다.
2. 산느타리는 밑동을 자른 후에 먹기 좋은 크기로 찢는다.
3. 새싹채소와 베이비채소는 깨끗이 씻어 찬물에 담갔다가 건져 물기를 뺀다.
4. 분량대로 각각의 재료를 섞어 참깨 레몬 드레싱을 만든다.
5. 양송이와 산느타리는 각각 두꺼운 팬에 기름 없이 살짝 굽는다.
6. 접시에 준비한 버섯과 채소를 보기 좋게 담고 참깨 레몬 드레싱을 끼얹어 낸다.

구 분	조리 후 중량	적정배식온도	총열량	총가열시간	총조리시간	주요조리도구
초등학생	50g(1인분)	4~10℃	100kcal	5분	20분	프라이팬

- **재료 및 분량** : 양송이 21g, 산느타리 7g, 베이비채소 21g, 새싹채소 7g
- **참깨 레몬 드레싱** : 깨소금 11g, 설탕 5.4g, 식초 5.4㎖, 다진 파 3.5g, 맛술 2㎖, 레몬즙 2㎖, 소금 1g, 물 8.6㎖

mushroom story

구 분	조리 후 중량	적정배식온도	총열량	총가열시간	총조리시간	주요조리도구
중·고등학생	70g(1인분)	4~10℃	138kcal	5분	20분	프라이팬

- 재료 및 분량 : 양송이 30g, 산느타리 10g, 베이비채소 30g, 새싹채소 10g
- 참깨 레몬 드레싱 : 깨소금 15g, 설탕 7.5g, 식초 7.5㎖, 다진 파 5g, 맛술 3㎖, 레몬즙 3㎖, 소금 1.5g, 물 12㎖

mushroom story

Part 4. 팽이

■ 팽이를 이용한 요리

팽이는 색이 희고 모양이 가늘며 예쁘게 생겨 조리 시 고명용으로 많이 쓰인다. 샐러드, 전골, 탕, 고명, 무침, 볶음, 장아찌 등에 적합하다.

■ 팽이 손질법

- 팽이의 싱싱함을 눈으로 즐기려면 진공보다는 무진공 포장이나 반진공 포장을 구입한다.
- 버섯 밑동을 톱밥만 칼로 짧게 잘라 모두 사용한다.
- 싱싱한 버섯을 흐르는 물에 살짝 씻은 뒤 물기를 제거한다.

■ 팽이 보관법

- 구입 시의 포장상태 그대로 김치냉장고에 5℃로 보관한다.
- 냉장보관 시 톱밥을 제거하지 말고 그대로 보관한다.
- 포장 비닐을 제거했을 때는 버섯을 랩으로 포장하여 냉장고에 보관한다.
- 버섯이 미끈거리거나 톱밥 부분에 변색이 완연하면 버린다.

팽이

학 명 *Flammulina velutipes* (Curtis) Singer
분 류 주름버섯목 뽕나무버섯과 팽나무버섯속
분 포 한국, 동아시아, 중국, 유럽, 아프리카, 북미, 호주
서 식 늦가을부터 이듬해 봄까지 자라며 눈이 쌓인 차가운 날씨에도 발생하는 내한성 버섯. 감나무, 뽕나무, 아까시나무, 포플러 등 활엽수의 고목 또는 그루터기에서 자생

팽이(팽나무버섯)는 야생의 팽나무버섯을 개량하여 농가에서 인공재배한 것이다. 야생의 팽이는 황갈색이고 갓의 지름이 2~3cm이지만, 재배된 팽이는 흰색으로 갓이 작고 대가 길어 콩나물형이다.

활엽수 톱밥을 이용한 병재배법이 개발되었으며 국내에서 보편화되어 각종 요리에 이용된다. 맛과 색깔이 좋아 일본, 미국 등지에서도 인기가 있다.

팽이는 탄수화물, 아미노산, 비타민 B군, 칼슘, 인, 철, 나트륨, 칼륨 등이 포함되어 항균 및 혈압조절 작용도 하는 것으로 알려져 있다.

mushroom story

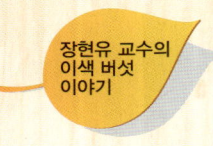

겨울에도 잘 자라는 『팽이』

팽이는 원래 버섯 중 가장 낮은 온도에서 자라 겨울버섯(winter mushroom)으로 불리며, 일본에서는 에노끼다께라고 한다. 팽나무에서 주로 발생해 팽나무버섯으로도 부르지만 팽이로 널리 이름이 알려진 버섯이다.

야생 팽이는 갓이 크고 황갈색이며 버섯 대가 짧다. 반면 인공재배된 팽이는 갓이 작고 대가 길며 흰색의 콩나물형이다. 팽이를 포함해 버섯은 '숲 속의 고기'라고 할 정도로 단백질 함유량이 2%로 높은 편이다.

채소만 먹다 보면 단백질이 부족하고 고기가 먹고 싶을 때가 있는데 버섯은 훌륭한 단백질 공급원이기 때문에 버섯을 간장에 조려 먹으면 고기 맛과 질감을 낼 수 있다.

팽이를 자주 먹으면 혈중 콜레스테롤을 감소시키며 간장·위장병 예방에 좋다. 게다가 우리나라에서는 버섯이 위생적으로 대량생산되면서 가격도 콩나물보다 싸서 부담 없이 쉽게 즐길 수 있다.

가격이 싸서 홀대하는 이도 있지만 팽이는 맛과 향이 뛰어나고 인체의 주요 영양원이 되는 아미노산, 비타민, 효소 등이 풍부하게 함유되어 있으며 항암작용에 탁월한 효과가 있다. 또 신체 면역체계를 자극하여 각종 바이러스 감염으로부터 보호하며, 암의 발생도 억제한다. 일본 가나자와 대학 이케가와 교수 연구팀에 따르면 쥐에게 팽이를 먹인 후 발암제를 주사했더니, 76주 후 일반 먹이를 먹인 쥐는 36마리 중 21마리에서 암이 발생했으나 팽이를 먹은 쥐는 36마리 중 3마리에서만 암이 발견됐다.

팽이에 강력한 항암물질이 있다는 의학계의 연구결과가 나옴으로써 암환자 또는 암 발병 가능성이 있는 사람들에게 좋은 음식으로 알려지고 있는데, 일본에서는 1945년부터 상업적 생산이 시작됐고 우리나라에서도 1980년대 후반부터 본격적으로 재배하게 되었다.

이 밖에도 팽이에는 두뇌개발에 좋은 성분이 들어 있고 치매환자에게도 좋은 것으로 알려져 있다. 원기회복 및 스트레스 해소에 좋은 비타민 B 성분도 다량 함유되어 있다. 우리가 일상적으로 먹는 버섯들도 알고 보면 약재로 사용되는 버섯 못지않은 약효를 갖고 있다.

갓이 피지 않아 작고 크기가 균일하며 신선하고 탄력이 있는 것을 찾는 것이 좋은 팽이를 고르는 방법이다.

한국농수산대학 버섯학과

팽이의 기능성 및 효능에 관한 주요 논문 및 특허 자료

팽이버섯의 티로시나아제 저해 효과에 대한 생리활성 물질 동정에 관한 연구
(Isolation of biological materials with tyrosinase inhibitory activity from Flammulina velutipes)
장세걸 상지대학교 대학원 : 동물생명자원학과 (2010. 2)
- 팽이의 추출물이 tyrosinase 활성을 저해하여 멜라닌 합성 억제, 화이트닝 제품에 응용 가능

팽이 에탄올 추출물의 기능적 특성
(Functional Activities of Ethanol Extracts from Flammulina velutipes)
韓國食品營養學會誌 Vol.23 No.1 [2010]
- 팽이 에탄올 추출물의 높은 항산화능 효과와 항산화 기능성 식품의 재료로 이용 가능

Production of GABA-enriched powder by a brown variety of flammulina velutipes (Enokitake) and its antihypertensive effects in spontaneously hypertensive rats
(Nippon Shokuhin Kagaku Kogaku Kaishi Volume 58, Issue 9, 2011, Pages 446-450)
- 팽이에 함유된 GABA(γ-aminobutyric acid)의 고혈압 감소 효과

Coadministration of the fungal immunomodulatory protein FIP-Fve and a tumour-associated antigen enhanced antitumour immunity
(Immunology Volume 128, Issue 1 PART 2, September 2009, Pages e881-e894)
- 팽이가 함유한 다당류 추출물 Fve의 면역반응과 항암 효과

Effect of Flammulina velutipes polysaccharides on production of cytokines by murine immunocytes and serum levels of cytokines in tumor-bearing mice
(Journal of Chinese medicinal materials Volume 32, Issue 4, April 2009, Pages 561-563)
- 팽이의 다당류는 TNF-alpha, INF-gamma, IL-2의 생성을 촉진시켜 S180 종양 생성 마우스에서 면역반응

팽이버섯 유래의 혈전 분해 효소
출원번호(일자) 10-2004-0054770 (20040714)
- 팽이 균사체 유래의 혈전분해 효소가 피브린 및 피브리노겐 용해 활성을 나타내므로 혈전증의 치료 및 예방에 효과

식용버섯 자실체 추출물을 유효성분으로 함유하는 피부미백용 화장료 조성물
출원번호(일자) 10-2009-0048785 (20090602)
- 새송이, 팽이 및 만가닥버섯 자실체 추출물을 유효성분으로 함유하는 피부미백용 화장료 조성물 특허

새우젓팽이버섯북어국

재료준비와 만드는 법

1. 북어채를 물에 잠시 불렸다가 물기를 꼭 짠다.
2. 팽이는 밑동을 잘라 내고 깨끗이 씻는다.
3. 대파는 어슷 썬다.
4. 냄비에 물, 다시멸치, 다시마를 넣고 20분 정도 끓인 후에 맛술을 넣고 불을 끈다. 고운체에 국물을 거른다.
5. 달군 냄비에 참기름을 두르고 북어채를 볶다가 멸치다시마국물을 붓고 한소끔 끓으면 다진 마늘과 국간장을 넣고 약한 불에서 15분 정도 끓인다.
6. ⑤에 대파와 팽이를 넣고 잠시 더 끓인 후에 새우젓으로 간을 맞추고 불을 끈다.

구 분	조리 후 중량	적정배식온도	총열량	총가열시간	총조리시간	주요조리도구
초등학생	175g(1인분)	65~80℃	85kcal	40분	60분	냄비

- **재료 및 분량 :** 북어채(물에 불린 것) 17.5g, 팽이 10.5g, 대파 1.4g, 다진 마늘 1g, 멸치다시마국물 175g(물 140㎖, 맛술 10.5㎖, 다시멸치 3.5g, 다시마 1g), 국간장 1.75㎖, 참기름 2.5g, 새우젓 0.7g

구 분	조리 후 중량	적정배식온도	총열량	총가열시간	총조리시간	주요조리도구
중·고등학생	250g(1인분)	65~80℃	110kcal	40분	60분	냄비

- 재료 및 분량 : 북어채(물에 불린 것) 25g, 팽이 15g, 대파 2g, 다진 마늘 1.5g, 멸치다시마국물 250㎖(물 200㎖, 맛술 15㎖, 다시멸치 5g, 다시마 1g), 국간장 2.5㎖, 참기름 3.8g, 새우젓 1g

mushroom story

팽이버섯명란무침

 재료준비와 만드는 법

1. 명란젓은 껍질을 제거한 후에 살만 조심스럽게 발라낸다.
2. 팽이는 밑동을 잘라 내고 깨끗이 씻은 후에 1.5cm 길이로 자른다.
3. 쪽파는 송송 썬다.
4. 볼에 명란젓, 팽이, 다진 마늘, 참기름, 깨소금을 넣고 조물조물 무친 후에 쪽파를 얹어 그릇에 담아낸다.

 명란젓의 껍질을 제거하기 어려우면 껍질째로 잘게 다져 무친다.

구 분	조리 후 중량	적정배식온도	총열량	총가열시간	총조리시간	주요조리도구
초등학생	21g(1인분)	4~10℃	50kcal	0분	15분	스텐볼

• **재료 및 분량** : 명란젓 15g, 팽이 10g, 쪽파 3.5g, 다진 마늘 1g, 참기름 2㎖, 깨소금 1.4g

mushroom story

구 분	조리 후 중량	적정배식온도	총열량	총가열시간	총조리시간	주요조리도구
중·고등학생	30g(1인분)	4~10℃	70kcal	0분	15분	스텐볼

- **재료 및 분량** : 명란젓 20g, 팽이 15g, 쪽파 5g, 다진 마늘 1.5g, 참기름 3㎖, 깨소금 2g

mushroom story

팽이버섯볶음

 **재료준비와 만드는 법**

1. 팽이는 밑동을 잘라 내고 깨끗이 씻은 다음 약간의 소금을 뿌린다.
2. 돼지고기는 5cm로 가늘게 채 썰어 소금과 후추로 밑간을 한다.
3. ②에 달걀 흰자와 물녹말을 넣고 잘 섞은 뒤 팬에 튀김기름을 넣고 100℃에서 살짝 익혀 내 기름망에 건져 기름을 뺀다.
4. 팬에 식용유를 둘러 달군 후 팽이를 넣고 볶다가 청주, 물, ③의 돼지고기, 참기름 순으로 넣으며 볶는다.

구 분	조리 후 중량	적정배식온도	총열량	총가열시간	총조리시간	주요조리도구
초등학생	49g(1인분)	40~60℃	78kcal	15분	30분	프라이팬

- **재료 및 분량** : 팽이 24.5g, 돼지 살코기 17.5g, 달걀 흰자 2.8g, 물녹말 0.7㎖, 식용유(튀김용) 46.9㎖, 식용유(볶음용) 1.9㎖, 소금 0.6g, 청주 1.9㎖, 물 1.9㎖, 참기름 0.6㎖

구 분	조리 후 중량	적정배식온도	총열량	총가열시간	총조리시간	주요조리도구
중·고등학생	70g(1인분)	40~60℃	111kcal	15분	30분	프라이팬

- **재료 및 분량** : 팽이 35g, 돼지 살코기 25g, 달걀 흰자 4g, 물녹말 1㎖, 식용유(튀김용) 67㎖, 식용유(볶음용) 2.7㎖, 소금 0.8g, 청주 2.7㎖, 물 2.7㎖, 참기름 0.9㎖

mushroom story

팽이버섯잡채

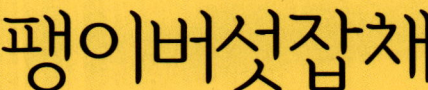

 재료준비와 만드는 법

1. 팽이는 밑동을 자르고 깨끗이 씻어 물기를 빼고, 목이는 한 잎씩 뜯어 끓는 물에 데친다.
2. 부추는 깨끗이 씻어 5cm 길이로 썰고, 양파와 당근도 같은 길이로 채 썬다.
3. 풋고추와 홍고추는 씨를 제거해 부추와 같은 길이로 곱게 채 썬다.
4. 팬에 식용유를 두르고 버섯과 채소를 센 불에서 각각 볶아 넓은 팬에 펼쳐 식힌다.
5. 볶은 재료를 섞어 양념을 넣고 버무려 접시에 담고 깨소금을 뿌린다.

구 분	조리 후 중량	적정배식온도	총열량	총가열시간	총조리시간	주요조리도구
초등학생	54g(1인분)	50~65℃	96kcal	25분	60분	프라이팬

- **재료 및 분량 :** 팽이 24.5g, 목이(불린 것) 4.9g, 양파 9.8g, 당근 4.9g, 부추 4.9g, 풋고추 2.5g, 홍고추 1.5g, 식용유 5.1㎖, 간장 1.9㎖, 다진 마늘 1.4g, 참기름 1.4㎖, 통깨 1.4g, 소금 0.9g, 후추 0.2g

구 분	조리 후 중량	적정배식온도	총열량	총가열시간	총조리시간	주요조리도구
중·고등학생	77g(1인분)	50~65℃	137kcal	25분	60분	프라이팬

- **재료 및 분량** : 팽이 35g, 목이(불린 것) 7g, 양파 14g, 당근 7g, 부추 7g, 풋고추 3.5g, 홍고추 2.1g, 식용유 7.3㎖, 간장 2.7㎖, 다진 마늘 2g, 참기름 2㎖, 통깨 2g, 소금 1.3g, 후추 0.3g

mushroom story

팽이버섯생채

재료준비와 만드는 법

1. 팽이는 밑동을 잘라 내고, 양송이는 0.3cm 두께로 썰어 약간의 소금을 뿌려 10분 정도 절인다.
2. 〈양념장〉 대파와 마늘은 곱게 다져 나머지 재료를 넣고 양념장을 만든다.
3. 버섯이 절여지면 찬물에 헹구어 물기를 뺀다.
4. 버섯에 양념장을 넣고 골고루 무쳐 접시에 담고 송송 썬 실파를 뿌린다.

 먹기 직전에 양념장을 넣고 무친다.

구 분	조리 후 중량	적정배식온도	총열량	총가열시간	총조리시간	주요조리도구
초등학생	34g(1인분)	4~10℃	35kcal	0분	30분	프라이팬

- **재료 및 분량** : 팽이 28g, 양송이 28g, 실파 0.7g, 소금 1.4g
- **양념장** : 대파 1.4g, 마늘 0.7g, 고추장 2.8g, 소금 0.3g, 설탕 2.1g, 고춧가루 1.1g, 깨소금 0.3g, 식초 2.8*ml*

mushroom story

구 분	조리 후 중량	적정배식온도	총열량	총가열시간	총조리시간	주요조리도구
중·고등학생	48g(1인분)	4~10℃	51kcal	0분	30분	프라이팬

- **재료 및 분량** : 팽이 40g, 양송이 40g, 실파 1g, 소금 2g
- **양념장** : 대파 2g, 마늘 1g, 고추장 4g, 소금 0.5g, 설탕 3g, 고춧가루 1.5g, 깨소금 0.5g, 식초 4㎖

mushroom story

팽이버섯얼큰탕반

 재료준비와 만드는 법

1. 팽이는 밑동을 자른 후에 물에 깨끗이 씻는다.
2. 얼갈이배추는 깨끗이 씻어 끓는 물에 소금을 넣고 데친 다음 2~3등 분한다.
3. 홍합살은 옅은 소금물에 흔들어 씻어 체에 받쳐 물기를 뺀다.
4. 양파는 굵게 채 썬다.
5. 불린 목이는 한입 크기로 뜯어 놓는다.
6. 대파는 어슷 썬다.
7. 냄비에 고추기름을 두르고 마늘을 넣어 볶다가 향이 나면 홍합살과 얼갈이배추, 양파를 넣고 볶다가 멸치다시마국물을 붓고 끓인다.
8. 국물이 끓으면 고춧가루와 국간장으로 간을 맞춘 다음 물녹말을 조금씩 넣어가면서 저어준다. 국물이 약간 걸쭉해지면 팽이, 목이, 파를 넣고 잠깐 끓인 후에 불을 끈다.
9. 그릇에 따뜻한 밥을 담고 ⑧의 국물을 부어 낸다.

구 분	조리 후 중량	적정배식온도	총열량	총가열시간	총조리시간	주요조리도구
초등학생	280g(1인분)	70~80℃	240kcal	50분	70분	냄비

- **재료 및 분량** : 얼갈이배추 21g, 팽이 21g, 홍합살 14g, 양파 14g, 대파 3.5g, 불린 목이 1.4g, 고추기름 3.5㎖, 소금 0.7g, 밥 130g
- **국 물** : 멸치다시마국물 280㎖(물 320㎖, 맛술 14㎖, 다시멸치 7g, 다시마 1.4g), 고춧가루 3.5g, 물녹말 3.5㎖(녹말가루 2.5g, 물 3.5㎖), 다진 마늘 2g, 국간장 2㎖

mushroom story

구 분	조리 후 중량	적정배식온도	총열량	총가열시간	총조리시간	주요조리도구
중·고등학생	400g(1인분)	70~80℃	333kcal	50분	70분	냄비

- **재료 및 분량** : 얼갈이배추 30g, 팽이 30g, 홍합살 20g, 양파 20g, 대파 5g, 불린 목이 2g, 고추기름 5㎖, 소금 1g, 밥 180g
- **국 물** : 멸치다시마국물 400㎖(물 450㎖, 맛술 20㎖, 다시멸치 10g, 다시마 2g), 고춧가루 5g, 물녹말 5㎖(녹말가루 3.5g, 물 5㎖), 다진 마늘 3g, 국간장 3㎖

mushroom story

팽이버섯부추샐러드

 **재료준비와 만드는 법**

1. 팽이는 밑동을 잘라 내고 깨끗이 씻어 물기를 뺀다.
2. 영양부추는 깨끗이 다듬어 씻은 후 2등분으로 썰고, 호두는 굵게 다진다.
3. 파프리카는 씨를 빼고 4cm 길이로 곱게 채 썬 다음 찬물에 씻어 싱싱하게 한다.
4. 〈소스〉 모든 재료를 믹서에 곱게 갈아 소스를 만든다.
5. ①, ②, ③을 섞어 접시에 담고, 다진 호두와 소스를 뿌린다.

구 분	조리 후 중량	적정배식온도	총열량	총가열시간	총조리시간	주요조리도구
초등학생	49g(1인분)	4~10℃	135kcal	0분	30분	믹서기

- **재료 및 분량** : 팽이 17.5g, 영양부추 10.5g, 빨간 파프리카 7g, 호두 7g
- **소 스** : 사과 5.6g, 양파 2.8g, 마늘 0.9g, 생강 0.6g, 잣 0.9g, 간장 2.8㎖, 매실청 2.8㎖, 식초 2.8㎖, 발사믹 2.8㎖, 올리브유 5.6㎖, 참기름 0.9㎖, 소금 1.4g

mushroom story

구 분	조리 후 중량	적정배식온도	총열량	총가열시간	총조리시간	주요조리도구
중·고등학생	70g(1인분)	4~10℃	193kcal	0분	30분	믹서기

- 재료 및 분량 : 팽이 25g, 영양부추 15g, 빨간 파프리카 10g, 호두 10g
- 소 스 : 사과 8g, 양파 4g, 마늘 1.3g, 생강 0.8g, 잣 1.3g, 간장 4㎖, 매실청 4㎖, 식초 4㎖, 발사믹 4㎖, 올리브유 8㎖, 참기름 1.3㎖, 소금 2g

mushroom story

연두부황금팽이된장국

 재료준비와 만드는 법

1. 다시멸치는 내장을 빼고 끓는 물에 넣어 8~10분 정도 끓여 체에 밭쳐 국물을 만든다.
2. 황금팽이는 밑동을 잘라 내고 깨끗이 씻어 체에 밭쳐 물기를 뺀다.
3. 연두부는 사방 1cm 크기로 썬다.
4. 멸치국물에 된장을 풀어 넣고 끓이다가 국물이 한소끔 끓어오르면 황금팽이와 연두부를 넣고 잠깐 끓인다.
5. 국이 완성되면 그릇에 담고 무순을 올려 낸다.

> **Note** 멸치국물은 내장을 빼고 끓여야 비린내와 쓴맛이 나지 않고 맛있다. 연두부는 오래 끓이면 스펀지처럼 구멍이 날 수 있어 살짝 끓인다.

구 분	조리 후 중량	적정배식온도	총열량	총가열시간	총조리시간	주요조리도구
초등학생	140g(1인분)	65~80℃	33kcal	25분	40분	냄비

• **재료 및 분량** : 연두부 35g, 황금팽이 21g, 무순 3.5g, 된장 4g, 멸치국물 175㎖ (다시멸치 5g, 물 210㎖)

mushroom story

구 분	조리 후 중량	적정배식온도	총열량	총가열시간	총조리시간	주요조리도구
중·고등학생	200g(1인분)	65~80℃	46kcal	25분	40분	냄비

• 재료 및 분량 : 연두부 50g, 황금팽이 30g, 무순 5g, 된장 5.5g, 멸치국물 250㎖(다시멸치 7g, 물 300㎖)

mushroom story

황금팽이북어채무침

 재료준비와 만드는 법

1. 북어채는 물에 잠시 불렸다가 물기를 꼭 짠 후에 가늘게 찢는다.
2. 황금팽이는 밑동을 잘라 깨끗이 씻은 후에 체에 밭쳐 물기를 제거한다.
3. 파프리카와 양파를 가늘게 채 썬다.
4. 분량의 재료를 섞어 유자 소스를 만든다.
5. 북어채는 달군 프라이팬에 기름 없이 수분이 마를 때까지 볶는다.
6. 큰 볼에 각각의 재료를 섞어 먹기 직전에 유자 소스에 고루 버무린다.

구 분	조리 후 중량	적정배식온도	총열량	총가열시간	총조리시간	주요조리도구
초등학생	50g(1인분)	4~10℃	49kcal	10분	25분	프라이팬

- **재료 및 분량** : 황금팽이 14g, 북어채 7g, 양파 7g, 붉은 파프리카 5g, 노란 파프리카 5g
- **유자 소스** : 간장 5.3㎖, 유자청 2.5㎖, 레몬식초 1.4㎖, 참기름 1㎖

mushroom story

구 분	조리 후 중량	적정배식온도	총열량	총가열시간	총조리시간	주요조리도구
중·고등학생	70g(1인분)	4~10℃	71kcal	10분	25분	프라이팬

- **재료 및 분량** : 황금팽이 20g, 북어채 10g, 양파 10g, 붉은 파프리카 7g, 노란 파프리카 7g
- **유자 소스** : 간장 7.5㎖, 유자청 3.5㎖, 레몬식초 2㎖, 참기름 1.5㎖

mushroom story

황금팽이찐가지무침

재료준비와 만드는 법

1. 황금팽이는 밑동을 잘라 깨끗이 씻어 체에 밭쳐 물기를 제거한다.
2. 가지는 4등분하여 5cm 길이로 자른다.
3. 쪽파는 송송 썬다.
4. 분량의 된장 소스 재료를 믹서기에 넣고 곱게 간다.
5. 김이 오른 찜통에 가지를 넣고 5분 정도 찐 후에 가볍게 물기를 짠다.
6. 달군 프라이팬에 기름을 살짝 두르고 황금팽이를 볶는다.
7. 먹기 직전에 가지와 황금팽이를 된장 소스에 무치고 위에 쪽파를 얹어 낸다.

구 분	조리 후 중량	적정배식온도	총열량	총가열시간	총조리시간	주요조리도구
초등학생	36g(1인분)	15~25℃	47kcal	10분	20분	찜기, 믹서기

- **재료 및 분량** : 가지 28g, 황금팽이 17.5g, 쪽파 1.4g
- **된장 소스** : 된장 2.1g, 통깨 1.8g, 간장 1.2㎖, 맛술 1.2㎖, 참기름 1.2㎖, 설탕 0.5g, 다진 마늘 0.4g, 고춧가루 0.4g

mushroom story

구 분	조리 후 중량	적정배식온도	총열량	총가열시간	총조리시간	주요조리도구
중·고등학생	50g(1인분)	15~25℃	65kcal	10분	20분	찜기, 믹서기

- **재료 및 분량** : 가지 40g, 황금팽이 25g, 쪽파 2g
- **된장 소스** : 된장 3g, 통깨 2.5g, 간장 2㎖, 맛술 2㎖, 참기름 2㎖, 설탕 0.7g, 다진 마늘 0.5g, 고춧가루 0.5g

mushroom story

황금팽이오이볶음

 재료준비와 만드는 법

1. 오이는 4cm 길이로 잘라 8등분하고 씨를 도려내어 소금물에 담가 30분간 절인 후에 건져 면보에 싸서 물기를 제거한다.
2. 다진 쇠고기는 쇠고기 양념에 30분간 재워둔다.
3. 황금팽이는 밑동을 잘라 낸 후에 깨끗이 씻어 체에 밭쳐 물기를 제거한다.
4. 달군 팬에 참기름을 두르고 오이를 센 불에서 재빨리 볶아 낸다.
5. 센 불에 황금팽이와 쇠고기를 볶은 후에 오이를 합하여 잘 섞어준 다음 통깨를 뿌려 마무리 한다.

> 오이는 절인 후 물기를 완전히 제거하고 팬에서 빨리 볶아 내야 아삭거리는 질감과 푸른색을 살릴 수 있다.

구 분	조리 후 중량	적정배식온도	총열량	총가열시간	총조리시간	주요조리도구
초등학생	36g(1인분)	40~60℃	65kcal	15분	50분	프라이팬

- **재료 및 분량** : 오이 36g, 황금팽이 21g, 다진 쇠고기 11g, 참기름 2.5㎖, 통깨 1.4g
- **소금물** : 물 50㎖, 소금 1.8g
- **쇠고기 양념** : 간장 2.5㎖, 설탕 1g, 다진 마늘 1g, 참기름 0.4㎖, 후춧가루 0.1g

구 분	조리 후 중량	적정배식온도	총열량	총가열시간	총조리시간	주요조리도구
중·고등학생	50g(1인분)	40~60℃	88kcal	15분	50분	프라이팬

- **재료 및 분량** : 오이 50g, 황금팽이 30g, 다진 쇠고기 15g, 참기름 3.5㎖, 통깨 2g
- **소금물** : 물 70㎖, 소금 2.5g
- **쇠고기 양념** : 간장 3.5㎖, 설탕 1.5g, 다진 마늘 1.5g, 참기름 0.5㎖, 후춧가루 0.1g

Part 5. 표고

■ 표고를 이용한 요리
생표고보다 말린 표고가 맛과 향이 강하고 음식의 맛과 모양을 내는 데 유용하며 표고를 불린 물은 핵산이 풍부해 육수로 사용하면 음식 맛이 더해진다. 볶음, 조림, 튀김, 전골, 전, 찌개, 죽, 밥, 조미, 고명 등 다양하게 조리할 수 있다.

■ 표고 손질법
- 버섯 대는 떼어 내 말린 후 국물 낼 때 사용한다.
- 흐르는 물에 갓을 위로 하여 손으로 잡티와 먼지를 씻어 낸다.
- 두 손으로 손바닥을 이용하여 눌러 물기를 제거한다.

■ 표고 보관법
- 키친타월에 느슨하게 싸서 채소보관함에 보관한다.
- 장기보관 시 버섯 대는 떼어 내고 젖은 행주를 이용하여 갓의 이물질만 가볍게 털어 낸다.
- 사용하기 편리하도록 썰어 통풍이 잘 되는 곳에 꾸둑꾸둑하게 말려 냉장고에 보관한다.

표고

- **학 명** *Lentinula edodes* (Berk.) Pegler
- **분 류** 주름버섯목 낙엽버섯과 표고속
- **분 포** 한국·일본·중국·타이완
- **서 식** 가을에 참나무류·밤나무·서어나무 등 활엽수에 발생하며 상수리나무, 졸참나무, 신갈나무 등의 원목을 이용해 재배한다. 최근에는 톱밥 배지를 이용한 재배로 사철 생산이 가능해졌다.

표고는 갓의 벌어진 정도, 갓 표면의 균열, 육질의 두께에 따라 화고, 동고, 향고, 향신으로 나뉜다. 화고는 갓의 펴짐이 거의 없고 육질이 두꺼우며, 향신은 갓이 가장 많이 벌어져 있고 얇다.

우리나라에서는 옛날부터 일능이, 이표고, 삼송이(또는 일송이, 이능이, 삼표고)라 하여 영양과 맛이 우수한 식용버섯으로 널리 이용되었다.

표고의 일반성분은 단백질과 지방질, 당질이 많이 포함되어 있고 비타민 B_1과 B_2, 나이아신을 함유하며 비타민 B_1, B_2는 채소의 거의 두 배를 가지고 있는 반면 열량은 낮아 영양불균형을 해소할 수 있고 다이어트에도 좋다. 또한 항암, 항종양 다당체 물질인 렌티난(Lentinan)이 함유되어 있어 암 치료에 도움을 주며 현재 면역력 증가 및 암세포의 증식을 억제하는 의약품으로 개발되어 있다.

아울러 표고에는 에리타데닌(Eritadenine)이라는 성분이 있어 혈액 중의 콜레스테롤을 제거하고 혈압을 낮추는 작용을 하므로 고혈압 예방 효과가 있다. 에리타데닌은 마른 버섯을 물에 우려낼 때 녹아 나오므로 표고를 불릴 때 사용한 물은 버리지 말고 조리 등에 사용하는 것이 좋다.

mushroom story

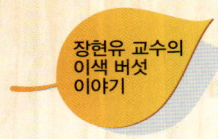
장현유 교수의 이색 버섯 이야기

신이 만든 불로장생 식품
『표고』

우리나라와 일본·중국·대만 등 아시아권에서 1,000년 이상 식용해온 표고는 구미에서도 인기가 있으며, 불로장수 식품이라고 할 정도로 영양학적 가치가 높다.

명대 말기 오서(吳瑞)라는 사람은 《일용본초(日用本草)》라는 책에 "표고는 기를 돋우고, 배고프지 않게 하고, 바람을 치료하고, 피(혈전)를 부순다"고 했다. 중국의 유파(劉波)는 1974년 그의 저서 《중국약용진균(中國藥用眞菌)》에 "표고는 기력을 높이며, 오풍(五風)을 개선하여 혈액을 굳어지지 않도록 하고, 여분의 체내 수분을 방지하여 기력을 조절한다"고 했다. 여기에서 오풍은 풍사(風邪), 중풍(中風), 통풍(痛風), 풍전(風癲), 두통(頭痛)을 말한다. 동의보감에서는 표고가 "입맛을 좋게 하고 구토와 설사를 멎게 한다"라고 했다. 1960년대 미시간 대학의 케네스 코크란 박사가 표고에 강력한 항바이러스 물질 '렌티난'이 들어 있음을 밝혔다. 이후 미국식품의약국(FDA)에서는 표고를 10대 항암식품으로 권장하고 있다.

표고와 관련하여 로마의 시저가 정력가로 유명한 것은 표고를 많이 먹었기 때문이라는 이야기도 전해진다. 53세의 시저가 23세의 클레오파트라를 사랑할 수 있었던 스태미나의 비밀은 돼지고기에 표고를 넣은 요리를 즐겨 먹었기 때문이라는 것이다. 표고의 향미와 감칠맛이 돼지고기의 누린내를 없애 맛을 더 좋게 함은 물론 돼지고기에 다량 함유된 콜레스테롤이 체내에 흡수되는 것을 억제하는 역할을 하니, 이는 과학적인 식품 궁합이기도 하다. 표고는 서늘한 곳에서 1주일 정도 말렸다가 곱게 갈아 가루를 내면 훌륭한 천연조미료가 되는데, 말린 표고는 생표고보다 영양소 함량이 8~9배 높아진다. 특히 표고에는 비타민 D의 전구물질인 에르고스테롤(ergosterol)이 많이 들어 있어 자외선을 쬐면 비타민 D가 많아진다. 또한 말린 표고는 보관도 쉽고 구아닐산이 우러나 맛과 향을 더해준다.

표고는 영양가에 비해 칼로리가 낮아 다이어트에 좋고, 섬유소가 많이 들어 있어 변비를 예방하는 데 탁월하다. 또한 비타민 B가 많아 피를 맑게 하여 혈액 생성을 돕고 칼슘, 구리, 철, 인 등이 들어 있어 성인병 예방에 도움이 된다. 하루 적정 섭취량은 30g 정도로, 생표고는 잘 씻어 60~70℃의 뜨거운 물에 살짝 데쳐 낸 뒤 잘라서 초장에 찍어 먹는 게 일품이다.

국내 표고 품종은 임업연구원에서 개발한 산림 1~8호, 산림조합의 산조 1~7호 및 농업과학기술원의 농기 3호 등 16개의 품종이 등록되어 있다. 표고종균은 원목(참나무류) 배양 시 보통 3~4월에 투입, 이듬해 여름 또는 가을부터 수확하기 시작해 3~5년간 할 수 있다. 원목재배한 표고의 상품성은 1차 연도에 가장 좋고, 생산량은 2차 연도에 최고로 나타난다.

한국농수산대학 버섯학과

mushroom story

표고의 기능성 및 효능에 관한 주요 논문 및 특허 자료

The in vivo assessment on growth effect of pyogo mushrooms (Lentinula edodes) in rats
정윤찬 서울대학교 대학원 수의학과 수의내과학 전공 (2007.02)
- 표고의 ergocalciferol이 뼈를 튼튼하게 하고 성장호르몬(GH)의 농도도 높임

Antitumor and immunomodulatory activity of extracts from Korean Lentinula edodes, Lentinus lepideus and Pleurotus ferulae
장영숙 인천대학교 대학원 생명과학과 (2012. 2)
- 표고 추출물의 면역증강 및 항종양 효과

Hemagglutinative Activity of Lectin Isolated from Shiitake, Lentinula edodes
김영신, 임치환, 조남석 Korean journal of mycology Vol.30 No.1 [2002]
- 표고 추출물인 렉틴의 T-cell 자극 분열 효과 및 항종양 효과

Direct cytotoxicity of Lentinula edodes mycelia extract on human hepatocellular carcinoma cell line(Biological and Pharmaceutical Bulletin Volume 35, Issue 7, July 2012, Pages 1014-1021)
- 표고의 다당류가 사람의 간암세포(HepG20)의 사멸을 유도

Antioxidant properties and phenolic profile of the most widely appreciated cultivated mushrooms: A comparative study between in vivo and in vitro samples
Reis, F.S. Martins, A. Barros, L. Ferreira, I.C.F.R. (Food and Chemical Toxicology Volume 50, Issue 5, May 2012, Pages 1201-1207)
- 표고의 항산화능에 관한 연구

Efficacy of orally administered Lentinula edodes mycelia extract for advanced gastrointestinal cancer patients undergoing cancer chemotherapy: A pilot study
Okuno, K. Uno, K (Asian Pacific Journal of Cancer Prevention Volume 12, Issue 7, 2011, Pages 1671-1674)
- 화학적 암 치료에서 표고버섯의 화학요법 부작용 감소 효과

표고버섯우거지된장국

재료준비와 만드는 법

1. 표고는 기둥을 떼고 끓는 물에 소금을 넣고 데쳐 찬물에 식힌 후 얇게 채 썬다.
2. 얼갈이배추는 밑동을 자르고 2~3등분으로 잘라 끓는 물에 소금을 넣고 데쳐 찬물에 헹군 후 물기를 꼭 짠다.
3. 대파는 깨끗이 씻어 어슷하게 얇게 썰고, 마늘은 곱게 다진다.
4. 〈육수〉 멸치는 내장을 빼고 마른 팬에 말리듯 볶은 후 분량의 물에 넣고 다시마를 넣어 은근하게 중불에서 30분 정도 끓인 후 체에 걸러 250㎖의 멸치 육수를 만든다.
5. 냄비에 멸치 육수와 된장, 고추장, 들깻가루를 풀어 담고 얼갈이배추를 넣어 20분 정도 거품을 걷어 내며 끓이다가 표고를 넣고 중불로 낮추어 10분 정도 은근하게 끓인다.
6. 파와 다진 마늘을 넣고 소금으로 나머지 간을 맞춘다.

구 분	조리 후 중량	적정배식온도	총열량	총가열시간	총조리시간	주요조리도구
초등학생	196g(1인분)	65~80℃	109kcal	50분	60분	냄비

- **재료 및 분량** : 표고 25g, 얼갈이배추 25g, 들깻가루 3.5g, 된장 11g, 고추장 2g, 파 2.8g, 마늘 1.4g, 소금 0.2g, 멸치 육수 161㎖
- **멸치 육수** : 물 210㎖, 멸치 3.5g, 다시마 1.3g

mushroom story

구 분	조리 후 중량	적정배식온도	총열량	총가열시간	총조리시간	주요조리도구
중·고등학생	280g(1인분)	65~80℃	156kcal	50분	60분	냄비

- **재료 및 분량** : 표고 35g, 얼갈이배추 35g, 들깻가루 5g, 된장 15g, 고추장 4g, 파 4g, 마늘 2g, 소금 0.4g, 멸치 육수 250㎖
- **멸치 육수** : 물 300㎖, 멸치 5g, 다시마 1.9g

mushroom story

표고버섯냉국

재료준비와 만드는 법

1. 대파는 잘게 썰고, 마늘은 곱게 다지고, 실파는 송송 썬다.
2. 풋고추와 홍고추는 씨를 제거하고 2cm 길이로 잘라 곱게 채 썬다.
3. 표고는 기둥을 떼고 끓는 물에 소금을 넣고 데쳐 찬물에 식힌 후 얇고 어슷하게 편으로 썰어 다진 마늘과 파, 국간장을 넣고 양념한다.
4. 〈냉국〉 분량의 물에 국간장과 소금, 설탕을 넣고 팔팔 끓여 차게 식힌 후 식초를 섞는다.
5. 양념한 표고에 풋고추와 홍고추, 냉국을 붓고 송송 썬 실파와 통깨를 뿌린다.

구 분	조리 후 중량	적정배식온도	총열량	총가열시간	총조리시간	주요조리도구
초등학생	140g(1인분)	4~10℃	25kcal	15분	30분	냄비

- **재료 및 분량** : 생표고 21g, 풋고추 0.7g, 홍고추 0.7g, 국간장 0.7㎖, 대파 0.4g, 마늘 0.3g, 실파 0.4g, 통깨 0.2g
- **냉 국** : 물 140㎖, 국간장 1.7㎖, 소금 1.1g, 설탕 3.4g, 식초 6.3㎖

구 분	조리 후 중량	적정배식온도	총열량	총가열시간	총조리시간	주요조리도구
중·고등학생	200g(1인분)	4~10℃	36kcal	15분	30분	냄비

- **재료 및 분량** : 생표고 30g, 풋고추 1g, 홍고추 1g, 국간장 1ml, 대파 0.6g, 마늘 0.4g, 실파 0.5g, 통깨 0.3g
- **냉 국** : 물 200ml, 국간장 2.4ml, 소금 1.6g, 설탕 4.8g, 식초 9ml

mushroom story

표고버섯어묵탕

🍲 재료준비와 만드는 법

1. 청경채는 2~4등분으로 갈라 끓는 물에 소금을 넣고 데쳐 찬물에 식힌 후 물기를 짠다.
2. 표고는 기둥을 떼고 끓는 물에 소금을 넣고 데쳐 찬물에 식힌 후 얇게 포를 뜬다.
3. 어묵은 한입 크기로 썰어 팔팔 끓는 물에 데쳐 기름기를 뺀 후 물기를 뺀다.
4. 대파는 송송 썰고, 생강은 얇게 편으로 썰어 곱게 채 썬다.
5. 〈육수〉 멸치는 내장을 빼고 마른 팬에 말리듯이 볶은 다음 분량의 물과 무, 다시마, 통후추를 넣고 30분 정도 은근하게 끓인다.
6. 육수에 있는 무는 건져서 도톰하게 썰고, 육수는 고운체에 거른다.
7. 냄비에 육수와 국간장, 조미술, 청주를 넣고 잠시 끓이다가 어묵과 버섯, 청경채, 무를 넣고 은근하게 끓인 후 생강채와 대파를 넣고 소금과 후추로 간을 맞춘 다음 쑥갓을 넣는다.

구 분	조리 후 중량	적정배식온도	총열량	총가열시간	총조리시간	주요조리도구
초등학생	140g(1인분)	70~80℃	63kcal	60분	60분	냄비

- **재료 및 분량** : 표고 17.5g, 어묵 21g, 청경채 5.6g, 대파 0.8g, 생강채 0.2g, 쑥갓 1.8g, 국간장 0.7㎖, 청주 2.5㎖, 조미술 1.4㎖, 소금 0.7g, 흰 후추 0.02g
- **육 수** : 물 210㎖, 무 7g, 대파 3.5g, 멸치 3.5g, 다시마 0.4g, 통후추 0.07g

mushroom story

구 분	조리 후 중량	적정배식온도	총열량	총가열시간	총조리시간	주요조리도구
중·고등학생	200g(1인분)	70~80℃	90kcal	60분	60분	냄비

- **재료 및 분량** : 표고 25g, 어묵 30g, 청경채 8g, 대파 1.2g, 생강채 0.25g, 쑥갓 2.5g, 국간장 1㎖, 청주 3.5㎖, 조미술 2㎖, 소금 1g, 흰 후추 0.03g
- **육　수** : 물 300㎖, 무 10g, 대파 5g, 멸치 5g, 다시마 0.5g, 통후추 0.1g

mushroom story

표고버섯볶음

 재료준비와 만드는 법

1. 표고는 끓는 물에 소금을 넣고 데쳐 찬물에 식힌 후 얇게 채 썰어 가볍게 물기를 짠다.
2. 대파와 마늘은 곱게 다지고, 쪽파는 송송 썰고, 홍고추는 3cm 길이로 채 썬다.
3. 프라이팬에 식용유를 두르고 다진 마늘과 대파를 볶다가 버섯을 넣고 볶는다.
4. ③에 청주와 간장, 홍고추를 넣고 볶으면서 육수를 넣고 촉촉하게 계속 볶는다.
5. 맛이 어우러지게 볶아지면 소금과 후추로 간을 맞추고 쪽파와 참기름을 넣어 완성한다.

구 분	조리 후 중량	적정배식온도	총열량	총가열시간	총조리시간	주요조리도구
초등학생	45.5g(1인분)	15~25℃	96kcal	20분	30분	프라이팬

- **재료 및 분량** : 표고 53g, 대파 3.5g, 마늘 3.5g, 쪽파 2.7g, 홍고추 2.1g, 쇠고기 육수 10.5㎖, 간장 3.5㎖, 청주 5.3㎖, 참기름 2.1㎖, 식용유 5.3㎖, 소금 0.7g, 후추 0.07g

mushroom story

구 분	조리 후 중량	적정배식온도	총열량	총가열시간	총조리시간	주요조리도구
중·고등학생	65g(1인분)	15~25℃	137kcal	20분	30분	프라이팬

- **재료 및 분량**: 표고 75g, 대파 5g, 마늘 5g, 쪽파 3.8g, 홍고추 3g, 쇠고기 육수 15㎖, 간장 5㎖, 청주 7.5㎖, 참기름 3㎖, 식용유 7.5㎖, 소금 1g, 후추 0.1g

mushroom story

표고달걀말이

재료준비와 만드는 법

1. 마른 표고는 물에 불려 기둥을 떼어 낸 후 잘게 다지고, 양송이도 잘게 다진다.
2. 큰 볼에 달걀을 풀어 달걀 양념을 섞은 후에 체에 내린다.
3. 달군 프라이팬에 기름을 살짝 두르고 버섯을 각각 볶는다.
4. 달군 사각 팬에 식용유를 두르고 달걀물의 1/3 정도를 부어 약간 겉면이 익으면 표고, 양송이, 피자치즈를 얹어 모양을 잡아가며 돌돌 만다.
5. 달걀말이를 바깥쪽으로 밀은 후에 남은 달걀물을 조금씩 부어가며 돌돌 만다.
6. 달걀말이가 완성되면 한 김 식힌 다음 2cm 폭으로 어슷하게 썰어서 담는다.

Note: 달걀말이를 만들어 김발에 말아 냉장고에 넣고 식혔다가 썰면 모양이 흐트러지지 않고 예쁘게 잘 썰어진다.

구 분	조리 후 중량	적정배식온도	총열량	총가열시간	총조리시간	주요조리도구
초등학생	64g(1인분)	15~25℃	110kcal	15분	30분	프라이팬

- **재료 및 분량** : 달걀 78.5g, 마른 표고 5.7g, 양송이 11g, 피자치즈 2.5g, 식용유 2㎖
- **달걀 양념** : 맛술 3.5㎖, 가쓰오부시장국 1㎖, 소금 0.7g, 후춧가루 0.1g

mushroom story

구 분	조리 후 중량	적정배식온도	총열량	총가열시간	총조리시간	주요조리도구
중·고등학생	90g(1인분)	15~25℃	181kcal	15분	30분	프라이팬

- **재료 및 분량** : 달걀 110g, 마른 표고 8g, 양송이 15g, 피자치즈 3.5g, 식용유 3㎖
- **달걀 양념** : 맛술 5㎖, 가쓰오부시장국 1.5㎖, 소금 1g, 후춧가루 0.1g

mushroom story

표고양념구이

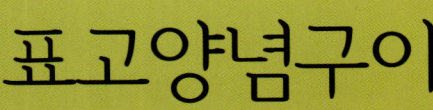

재료준비와 만드는 법

1. 생표고는 기둥을 떼고 끓는 물에 살짝 데친다.
2. 소스팬에 식용유를 두르고 다진 양파와 다진 마늘을 넣어 볶다가 나머지 토마토 고추장 소스 재료를 넣고 걸쭉하게 될 때까지 끓인다.
3. ①의 표고에 토마토 고추장 소스를 고루 펴 바른다.
4. 달군 프라이팬에 기름을 두르고 표고를 구워낸다.

> **Note** 마른 표고로 만들 때에는 미지근한 물에 불려 물기를 꼭 짠 다음 조리하여야 나중에 양념이 겉돌지 않는다.

구 분	조리 후 중량	적정배식온도	총열량	총가열시간	총조리시간	주요조리도구
초등학생	43g(1인분)	65~70℃	44kcal	15분	30분	프라이팬, 소스팬

- **재료 및 분량** : 생표고 32g, 식용유 1.8㎖
- **토마토 고추장 소스** : 토마토 페이스트 11g, 다진 양파 1.4g, 고추장 2.5g, 올리고당 1.1㎖, 다진 마늘 0.7g, 물 50㎖

mushroom story

구 분	조리 후 중량	적정배식온도	총열량	총가열시간	총조리시간	주요조리도구
중·고등학생	60g(1인분)	65~70℃	62kcal	15분	30분	프라이팬, 소스팬

- 재료 및 분량 : 생표고 45g, 식용유 2.5㎖
- 토마토 고추장 소스 : 토마토 페이스트 15g, 다진 양파 2g, 고추장 3.5g, 올리고당 1.5㎖, 다진 마늘 1g, 물 70㎖

mushroom story

표고버섯돼지불고기

재료준비와 만드는 법

1. 돼지고기는 5×3cm 크기로 잘라 0.5cm 두께로 썬다.
2. 표고는 기둥을 떼고 깨끗이 씻어 사선으로 납작납작하게 썬다.
3. 양파는 1cm 폭으로 채 썰고, 대파는 0.5cm 폭으로 어슷하게 썬다.
4. 실파는 송송 썰고, 마늘은 곱게 다진다.
5. 〈양념〉 분량의 모든 재료를 혼합하여 양념장을 만든다.
6. ①, ②, ③의 재료를 섞어 양념장을 넣고 버무려 30분 정도 재워놓는다.
7. 팬에 식용유를 둘러 달군 후 표고돼지불고기를 볶아 접시에 담고 실파와 통깨를 뿌린다.

구 분	조리 후 중량	적정배식온도	총열량	총가열시간	총조리시간	주요조리도구
초등학생	63g(1인분)	65~80℃	120kcal	15분	60분	프라이팬

- **재료 및 분량** : 돼지고기(목삼겹살) 35g, 생표고 17.5g, 양파 14g, 대파 7g, 실파 1.4g, 식용유 1.4㎖, 통깨 0.4g
- **양 념** : 고추장 5.3g, 마늘 1g, 고춧가루 0.7g, 물엿 2.7㎖, 청주 1.4㎖, 간장 1.4㎖, 깨소금 0.7g, 설탕 1.3g, 소금 0.6g, 후추 0.03g

mushroom story

구 분	조리 후 중량	적정배식온도	총열량	총가열시간	총조리시간	주요조리도구
중·고등학생	90g(1인분)	70~80℃	171kcal	15분	60분	프라이팬

- 재료 및 분량 : 돼지고기(목삼겹살) 50g, 생표고 25g, 양파 20g, 대파 10g, 실파 2g, 식용유 2ml, 통깨 0.5g
- 양 념 : 고추장 7.5g, 마늘 1.5g, 고춧가루 1g, 물엿 3.8ml, 청주 2ml, 간장 2ml, 깨소금 1g, 설탕 1.8g, 소금 0.9g, 후추 0.04g

mushroom story

표고버섯가지찜

재료준비와 만드는 법

1. 가지는 5cm로 잘라 6~8등분으로 가르고, 표고는 기둥을 떼어 1cm 폭으로 썬 다음 소금과 물엿을 섞어 30분 정도 둔다.
2. 파와 마늘은 곱게 다진다.
3. 가지와 표고를 찬물에 헹궈 물기를 짠 후 밀가루를 고루 묻히고 여분의 가루는 털어 낸다.
4. 찜기에 물을 붓고 센 불에서 끓어오르면 표고와 가지를 넣고 5분 정도 찐 다음 넓은 팬에 펼쳐 식힌다.
5. 〈양념〉 분량의 모든 재료를 혼합하여 양념장을 만든다.
6. 찐 버섯과 가지가 식으면 양념장을 넣고 골고루 버무린다.

구 분	조리 후 중량	적정배식온도	총열량	총가열시간	총조리시간	주요조리도구
초등학생	44g(1인분)	15~25℃	75kcal	10분	60분	찜기

- **재료 및 분량** : 생표고 17.5g, 가지 17.5g, 밀가루 5g, 소금 1g, 물엿 7g
- **양 념** : 파 1.6g, 마늘 1g, 고추장 3.5g, 간장 1.1㎖, 물엿 1.8g, 깨소금 0.4g, 참기름 1.4㎖

구 분	조리 후 중량	적정배식온도	총열량	총가열시간	총조리시간	주요조리도구
중·고등학생	63g(1인분)	15~25℃	107kcal	10분	60분	찜기

- **재료 및 분량** : 생표고 25g, 가지 25g, 밀가루 7g, 소금 1.4g, 물엿 10g
- **양 념** : 파 2.3g, 마늘 1.4g, 고추장 5g, 간장 1.5㎖, 물엿 2.5g, 깨소금 0.5g, 참기름 2㎖

mushroom story

표고새우찜

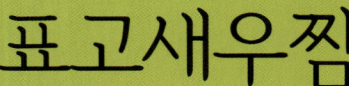

재료준비와 만드는 법

1. 생표고는 기둥을 떼고 깨끗이 씻어 마른 면보에 놓고 물기를 뺀다.
2. 새우살은 곱게 다져 소금, 후춧가루, 참기름을 넣고 잘 반죽한 후에 밤톨만한 크기로 빚어 놓는다.
3. 표고 안쪽에 밀가루를 묻히고 새우살을 얹어 동글납작하게 눌러 가면서 모양을 다듬은 후에 새우살이 있는 부분에 전분을 살짝 묻혀 놓는다.
4. 찜통에 물을 끓이고 물에 적신 면보를 찜기 위에 고루 펴놓은 후에 새우살이 위로 가도록 표고버섯을 놓고 15분가량 찐다.
5. 새우가 익으면 불을 끄고 3분간 뜸을 들인 후 꺼내어 한 김 식혀서 접시에 담아낸다.

Note 고명으로 풋고추와 홍고추를 송송 썰어 표고새우찜 위에 얹어도 좋다.

구 분	조리 후 중량	적정배식온도	총열량	총가열시간	총조리시간	주요조리도구
초등학생	50g(1인분)	40~60℃	113kcal	15분	40분	찜기

- **재료 및 분량** : 생표고 35.5g, 새우 다진 것 42.5g, 소금 0.5g, 후춧가루 0.1g, 참기름 1.3㎖, 밀가루 11g, 전분 7g

구 분	조리 후 중량	적정배식온도	총열량	총가열시간	총조리시간	주요조리도구
중·고등학생	70g(1인분)	40~60℃	145kcal	15분	40분	찜기

- **재료 및 분량 :** 생표고 50g, 새우 다진 것 60g, 소금 0.8g, 후춧가루 0.1g, 참기름 1.8㎖, 밀가루 15g, 전분 10g

mushroom story

표고영양밥

🍲 재료준비와 만드는 법

1. 멥쌀과 현미는 깨끗이 씻어 물에 30분 정도 불린다.
2. 표고는 미지근한 물에 불려 물기를 꼭 짠 후에 굵게 다진다.
3. 연근, 우엉, 당근은 깨끗이 씻어 껍질을 벗긴 후에 굵게 다진다.
4. 고추 장아찌는 송송 썰어 양념장 재료와 한데 섞어 양념장을 준비한다.
5. 냄비에 멥쌀, 현미, 표고, 연근, 우엉, 당근과 밥 양념을 넣고 밥을 짓는다.
6. 뜸이 들면 주걱으로 뒤섞은 다음 그릇에 담아 양념장에 비벼 먹는다.

 마른 표고는 미지근한 물에 불리는데, 물이 너무 많으면 표고의 맛과 향이 빠지므로 표고가 잠길 정도의 물이 적당하다. 미지근한 물에 설탕을 넣으면 빨리 불릴 수 있다. 생표고를 사용해도 좋다.

구 분	조리 후 중량	적정배식온도	총열량	총가열시간	총조리시간	주요조리도구
초등학생	175g(1인분)	65℃	295kcal	30분	60분	냄비

- **재료 및 분량** : 멥쌀 43g, 현미 22g, 마른 표고 6g(생표고 17g), 연근 10g, 우엉 10g, 당근 5g
- **밥 양념** : 국간장 7㎖, 맛술 3.5㎖, 물 70㎖
- **양념장** : 고추 장아찌 7g(장아찌 국물 2.8㎖ 포함), 다진 파 1.4g, 다진 마늘 0.7g, 참기름 1.4㎖, 통깨 0.2g

mushroom story

구 분	조리 후 중량	적정배식온도	총열량	총가열시간	총조리시간	주요조리도구
중·고등학생	250g(1인분)	65℃	404kcal	30분	60분	냄비

- 재료 및 분량 : 멥쌀 60g, 현미 30g, 마른 표고 9g(생표고 25g), 연근 15g, 우엉 15g, 당근 8g
- 밥 양념 : 국간장 10㎖, 맛술 5㎖, 물 100㎖
- 양념장 : 고추 장아찌 10g(장아찌 국물 4㎖ 포함), 다진 파 2g, 다진 마늘 1g, 참기름 2㎖, 통깨 0.3g

mushroom story

표고볶음골동면

재료준비와 만드는 법

1. 오이는 5cm 길이로 잘라 돌려 깎기 하여 채 썬다. 소금에 살짝 절였다가 물기를 꼭 짠다.
2. 분량의 재료를 섞어 쇠고기·버섯 양념을 만든다.
3. 마른 표고는 미지근한 물에 불려 가늘게 채 썰어 쇠고기·버섯 양념으로 20분 정도 재워둔다.
4. 쇠고기는 0.3×5cm로 채 썰어서 쇠고기·버섯 양념으로 20분 정도 재워둔다.
5. 달걀은 황백지단을 부쳐 쇠고기와 같은 길이로 채 썬다.
6. 프라이팬에 기름을 두르고 오이, 쇠고기, 표고 순으로 각각 볶는다.
7. 국수는 끓는 물에 소금을 넣고 삶아 냉수에 헹궈 건져서 그릇에 담고 참기름, 간장, 설탕으로 버무린다.
8. ⑦에 오이, 표고, 쇠고기를 넣고 각각의 재료가 잘 섞이도록 버무린다.
9. 접시에 완성된 골동면을 담고 그 위에 달걀지단을 얹어 낸다.

> **Note** 국수는 더 이상 붇지 않게 참기름과 갖은 양념으로 먼저 버무린다. 잡채 대용으로 제공할 때에는 70g 이하로 제공한다. 쇠고기는 다진 쇠고기를 사용해도 좋다.

구 분	조리 후 중량	적정배식온도	총열량	총가열시간	총조리시간	주요조리도구
초등학생	250g(1인분)	65~70℃	286kcal	30분	50분	프라이팬, 냄비

- **재료 및 분량** : 국수 53.5g, 쇠고기(우둔) 17.5g, 마른 표고 7g(생표고 17.5g), 오이 25g, 달걀 17.5g
- **쇠고기·버섯 양념** : 간장 5.6㎖, 설탕 2.7g, 참기름 2.2㎖, 다진 파 2.2g, 다진 마늘 1.1g, 깨소금 0.7g, 후춧가루 0.1g
- **국수 양념** : 참기름 2.2㎖, 간장 0.7㎖, 설탕 0.7g

구 분	조리 후 중량	적정배식온도	총열량	총가열시간	총조리시간	주요조리도구
중·고등학생	350g(1인분)	65~70℃	402kcal	30분	50분	프라이팬, 냄비

- **재료 및 분량** : 국수 75g, 쇠고기(우둔) 25g, 마른 표고 10g(생표고 25g), 오이 35g, 달걀 25g
- **쇠고기·버섯 양념** : 간장 7.8㎖, 설탕 3.8g, 참기름 3㎖, 다진 파 3g, 다진 마늘 1.5g, 깨소금 1g, 후춧가루 0.1g
- **국수 양념** : 참기름 3㎖, 간장 1㎖, 설탕 1g

mushroom story

표고버섯닭고기강정

재료준비와 만드는 법

1. 표고는 기둥을 떼고 1cm 폭으로 썬 다음 소금과 후추로 밑간을 한다.
2. 닭다리살은 칼등으로 두드려 1cm 두께로 편 다음 5×1cm로 썰어 소금과 후추로 밑간을 한다.
3. 마늘, 양파, 당근, 홍고추는 쌀알 크기로 잘게 다지고, 실파는 송송 썬다.
4. 〈소스〉 팬에 참기름을 두르고 다진 마늘, 양파, 당근, 고추를 넣고 볶은 후 나머지 분량의 재료를 넣고 15분 정도 걸쭉한 농도가 되도록 서서히 끓인다.
5. 준비한 버섯과 닭다리살에 수분이 생기면 찹쌀가루를 골고루 묻혀 튀김기름(180℃)에 바삭하게 튀기고 지나친 기름은 제거한다.
6. 뜨거운 소스에 튀긴 버섯과 닭고기를 넣고 재빠르게 버무려 접시에 담고 통깨와 송송 썬 실파를 뿌린다.

구 분	조리 후 중량	적정배식온도	총열량	총가열시간	총조리시간	주요조리도구
초등학생	61g(1인분)	70~75℃	265kcal	40분	50분	소스팬

- **재료 및 분량** : 생표고 28g, 닭다리살 28g, 찹쌀가루 17g, 소금 0.6g, 후추 0.06g, 실파 0.8g, 튀김유 140㎖
- **소 스** : 마늘 1.12g, 양파 1.12g, 당근 1.12g, 홍고추 1.12g, 풋고추 1.12g, 물엿 28g, 조청 19.6g, 물 14㎖, 간장 1.12㎖, 소주 1.12㎖, 통깨 0.7g, 참기름 0.7㎖, 땅콩버터 0.7g, 레몬즙 0.7㎖, 후추 0.07g, 계피가루 0.07g

mushroom story

구 분	조리 후 중량	적정배식온도	총열량	총가열시간	총조리시간	주요조리도구
중·고등학생	87g(1인분)	70~75℃	379kcal	40분	50분	소스팬

- **재료 및 분량** : 생표고 40g, 닭다리살 40g, 찹쌀가루 24g, 소금 0.8g, 후추 0.08g, 실파 1g, 튀김유 200㎖
- **소 스** : 마늘 1.6g, 양파 1.6g, 당근 1.6g, 홍고추 1.6g, 풋고추 1.6g, 물엿 40g, 조청 28g, 물 20㎖, 간장 1.6㎖, 소주 1.6㎖, 통깨 1g, 참기름 1㎖, 땅콩버터 1g, 레몬즙 1㎖, 후추 0.1g, 계피가루 0.1g

mushroom story

표고난자완스

🍲 재료준비와 만드는 법

1. 다진 쇠고기에 달걀과 전분을 넣고 잘 섞이도록 치대어 반죽하여 한 입 크기로 둥글고 납작하게 빚는다.
2. 마른 표고는 미지근한 물에 불려 기둥을 떼어 내고 채 썬다.
3. 새송이는 반으로 잘라 어슷 썬다.
4. 홍고추는 반으로 잘라 어슷 썬 후에 물에 담가 씨를 제거한다.
5. 청경채는 깨끗이 씻어 끓는 물에 소금을 넣고 살짝 데친다.
6. 죽순을 살짝 데친 후에 길이대로 썬다.
7. 쇠고기 완자를 160℃ 기름에 겉만 살짝 익을 정도로 튀긴다.
8. 쇠고기 완자를 다시 납작하게 눌러 준 후 다시 노릇하게 튀긴다.
9. 오목한 팬에 식용유를 두르고 파, 생강, 마늘을 볶아 향이 나면 청주와 간장을 넣고 거품이 날 때까지 볶아 준다.
10. ⑨에 준비한 채소와 버섯을 볶은 후에 굴소스와 설탕으로 간을 한다.
11. ⑩의 재료가 어느 정도 익으면 튀긴 쇠고기 완자와 청경채를 넣고 소스가 잘 섞이도록 볶다가 물녹말을 넣어 농도를 맞추고 참기름과 후춧가루로 마무리 한다.

> **Note** 난자완스의 쇠고기 완자를 찜통에 10~15분 정도 찐 후에 식혀서 기름을 넉넉히 붓고 달군 프라이팬에 노릇하게 구워도 좋다.

구 분	조리 후 중량	적정배식온도	총열량	총가열시간	총조리시간	주요조리도구
초등학생	130g(1인분)	60~75℃	206kcal	30분	60분	튀김솥, 소스팬

- **재료 및 분량** : 다진 쇠고기 64g, 마른 표고 7g, 새송이 7g, 죽순 7g, 청경채 10g, 홍고추 1.8g, 달걀 11g, 녹말가루 14g, 식용유 35㎖
- **난자완스 소스** : 다진 파 2g, 다진 생강 2g, 다진 마늘 0.7g, 식용유 3.5㎖, 청주 5.3㎖, 간장 2.5㎖, 굴소스 2.5㎖, 설탕 1g, 물녹말 35㎖(녹말가루 7g, 물 35㎖), 참기름 1㎖, 후춧가루 0.1g

구 분	조리 후 중량	적정배식온도	총열량	총가열시간	총조리시간	주요조리도구
중·고등학생	180g(1인분)	60~75℃	356kcal	30분	60분	튀김솥, 소스팬

- **재료 및 분량** : 다진 쇠고기 90g, 마른 표고 10g, 새송이 10g, 죽순 10g, 청경채 15g, 홍고추 2.5g, 달걀 15g, 녹말가루 20g, 식용유 50㎖
- **난자완스 소스** : 다진 파 3g, 다진 생강 3g, 다진 마늘 1g, 식용유 5㎖, 청주 7.5㎖, 간장 3.5㎖, 굴소스 3.5㎖, 설탕 1.5g, 물녹말 50㎖(녹말가루 10g, 물 50㎖), 참기름 1.5㎖, 후춧가루 0.1g

mushroom story

표고탕수

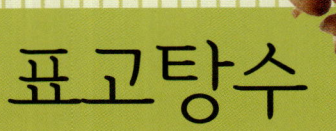

재료준비와 만드는 법

1. 표고는 먹기 좋은 크기로 잘라 후춧가루와 소금으로 간을 하여 재워 둔다.
2. 양파와 당근은 2×2×0.3cm 크기로 썬다.
3. 오이는 반달썰기 한다.
4. 비닐팩에 표고와 녹말가루를 넣고 위아래로 흔들어 골고루 섞은 후에 180℃의 기름에 노릇하게 튀긴다.
5. 팬에 식용유를 두르고 양파, 당근, 오이를 센 불에서 볶다가 냄비에 물을 붓고 설탕, 식초, 간장, 올리고당을 넣어 끓인다. 국물이 끓어오르면 물녹말과 토마토케첩을 넣어 소스를 만든 후에 표고탕수에 곁들인다.

구 분	조리 후 중량	적정배식온도	총열량	총가열시간	총조리시간	주요조리도구
초등학생	140g(1인분)	55~65℃	278kcal	35분	50분	튀김솥, 프라이팬

- **재료 및 분량** : 생표고 50g, 양파 7g, 오이 7g, 당근 7g, 녹말가루 21g, 식용유 107㎖, 소금 0.7g, 후춧가루 0.1g
- **탕수육 소스** : 올리고당 11㎖, 백설탕 5.3g, 토마토케첩 11㎖, 식초 11㎖, 간장 3.5㎖, 물녹말 3.5㎖(녹말가루 3.5g, 물 3.5㎖), 물 64㎖

mushroom story

구 분	조리 후 중량	적정배식온도	총열량	총가열시간	총조리시간	주요조리도구
중·고등학생	200g(1인분)	55~65℃	408kcal	35분	50분	튀김솥, 프라이팬

- **재료 및 분량** : 생표고 70g, 양파 10g, 오이 10g, 당근 10g, 녹말가루 30g, 식용유 150㎖, 소금 1g, 후춧가루 0.1g
- **탕수육 소스** : 올리고당 15㎖, 백설탕 7.5g, 토마토케첩 15㎖, 식초 15㎖, 간장 5㎖, 물녹말 5㎖(녹말가루 5g, 물 5㎖), 물 90㎖

mushroom story

Part 6. 노루궁뎅이

■ 노루궁뎅이를 이용한 요리
노루궁뎅이는 조직이 부드럽고 위장에 좋은 것으로 알려져 어린아이부터 노인층까지 모두 즐길 수 있으며 전골이나 찌개, 튀김, 볶음, 버섯탕수, 샐러드 등에 활용 가능하다. 말린 버섯은 가루 내어 차로 이용하거나 각종 찌개 등에 천연조미료로 활용해도 좋다.

■ 노루궁뎅이 손질법
- 흐르는 물에 가볍게 씻은 후 물기를 제거하고 결에 따라 찢어 조리에 사용한다. 건조된 노루궁뎅이는 물에 불려 요리해도 좋다.

■ 노루궁뎅이 보관법
- 사용하고 남은 버섯은 버섯 구매 시 담겼던 포장용기에 담거나 키친타월에 싸서 냉장보관한다.

노루궁뎅이

학 명 *Hericium erinaceus* (Bull.) Pers.
분 류 무당버섯목 노루궁뎅이과 산호침버섯속
분 포 한국, 일본, 중국 등에 분포
서 식 가을철 떡갈나무나 너도밤나무 등 활엽수의 고목이나 생목에서 발생

모양이 노루궁뎅이를 닮았다고 하여 노루궁뎅이라고 하는데 중국에서는 '원숭이머리버섯'이라고 불린다. 자실체는 지름 25cm 미만으로 초기에는 달걀 모양 또는 반구형으로 성장한다.

일본과 중국 등에서 이미 식품원료로 널리 사용되고 있으며 그 기능성이 알려지면서 우리나라에서도 점차 재배가 확대되고 있는 버섯이다.

베타 글루칸 함량이 가장 높은 버섯으로 높은 항산화 활성과 항돌연변이 및 암세포 증식 억제 활성을 나타내어 향후 다양한 목적의 건강기능성 소재로 활용될 수 있을 것으로 기대된다.

노루궁뎅이는 뇌손상에 의한 뇌신경세포의 세포사멸 억제 효과가 있어 뇌손상의 예방 또는 치료를 위한 약학적 조성물로 사용할 수 있다.

또한 노루궁뎅이 추출물은 학습능력 또는 기억력 향상과 관련된 해마 신경줄기세포의 세포 증식과 뇌신경세포의 생존을 증가시킬 수 있다는 사실이 확인되었다.

이뿐만 아니라 위염에 대하여 우수한 억제 효과를 가지고 있는 것으로 밝혀져 노인, 학생, 직장인의 건강을 유지하고 개선하는 데 좋은 건강보조식품으로 활용 가능성이 높은 버섯이다.

mushroom story

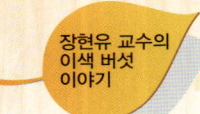

장현유 교수의 이색 버섯 이야기

노루 꼬리를 닮은 기능성 버섯
『노루궁뎅이』

노루궁뎅이는 노루의 꼬리를 닮았다고 해서 우리나라에서 지어진 이름인데, 다른 나라에서는 원숭이머리버섯, 고슴도치버섯 등으로 불린다.

우리나라·일본·중국·동남아시아·유럽 등에 널리 분포하는 이 버섯은 18~20℃의 서늘한 온도에서 잘 자라는데 가을에 죽은 활엽수 위를 잘 보면 발견할 수 있다. 흰색이어서 눈에 잘 띄긴 하지만 송이만큼이나 워낙 귀해 야산에서 이 버섯을 채취하게 되면 그 자리에서 고마움의 예를 표하고 요리해 먹었다.

노루궁뎅이는 약간의 쓴맛이 있는데 오히려 이 때문에 미식가들에게 아주 사랑받는다. 뜨거운 물에 한 번 데치면 쓴맛은 없어지나 버섯이 품고 있는 몸에 좋은 성분이 모두 수용성이기 때문에 버섯을 물에 오래 불리거나 버섯 불린 물을 따라 버리고 조리하면 효과를 볼 수 없어, 알맹이는 버리고 껍질만 먹는 셈이다. 그러므로 이 버섯을 조리할 때는 물로 살짝 헹군 뒤 짜지 않게 조리해 국물까지 모두 먹는 것이 현명하다.

이 버섯은 또한 바닷가재의 향을 지니고 있어 식욕을 돋우는 고급 식용버섯으로도 유명한데, 예부터 위궤양·소화불량·위암·식도암 등에 효과가 있어 약용으로도 쓰여왔다. 노루궁뎅이를 이용한 민간처방으로는 소화불량과 위궤양에 말린 버섯 60g을 물에 달여 1일 2회 복용하고, 신경쇠약·신체허약증에는 말린 버섯 150g을 닭과 삶아 달여서 1일 1~2회 복용한다.

인공재배가 아주 쉬워 대량 생산도 가능하나 수염이 나 있는 듯한 버섯의 형태 때문에 소비가 잘 안 되기도 했다. 하지만 치매예방 효과 등 효능이 알려진 후 다시 각광받고 있다.

이 버섯은 온도·습도·이산화탄소 함량에 따라 색깔과 형태가 변하는 천의 얼굴을 가지고 있다. 이런 특성 때문에 소비자가 원하는 형태로 인공재배도 가능하다. 자연상태에서의 색깔은 초기에는 엷은 분홍색이었다가 생장하면서 점차 유백색으로 변하고, 일정 기간이 지나면 엷은 황색을 띤다. 수확의 최적 시기는 버섯이 유백색으로 됐을 때다.

한국농수산대학 버섯학과

mushroom story

노루궁뎅이의 기능성 및 효능에 관한 주요 논문 및 특허 자료

Evaluation of the Antioxidant Activity and Anti-Inflammatory Effect of Hericium erinaceus Water Extracts
韓藥作誌(Korean J. Medicinal Crop Sci.) 21(2) : (2013)
- 노루궁뎅이 버섯 열수추출물의 항산화 활성과 항염증 효능 평가

Anti-inflammation Activity of Water Extracts from Hericium Erinacium among Medicinal Mushrooms
The Korean Journal of Culinary Research Vol. 18, No. 4 : (2012)
- 약용버섯 중 노루궁뎅이 버섯 열수추출물의 항염증 효과

Protective Effects of HEAC and its Primary Active Compound on HCl-ethanol Induced Gastritis in Rats
Journal of the Korea Academia-Industrial cooperation Society Vol. 13, No. 4 pp. 1769-1776 : (2012)
- 노루궁뎅이 추출물의 위염 억제 효과 연구

Physicochemical Characteristics and Antioxidant activity, Antimutagenicity, and Cytotoxicityof Hot-water Extract of Hericium erinaceus
KOREAN J. FOOD COOKERY SCI. Vol. 28, No. 5 October : (2012)
- 노루궁뎅이 추출물의 항산화 활성과 항돌연변이 및 암세포 증식 억제 활성연구

Immuno-stimulating and Antitumor Effects on Mouse Sarcoma 180 by Crude Polysaccharides Extracted from Fruiting Body of Hericium erinaceus
Journal of Life Science 2010 Vol. 20. No. 4.
- 노루궁뎅이 자실체로부터 항암 및 면역증강에 관한 연구

Antioxidative Activity and Neuroprotective Effect from Various Enzymatic Hydrolysates of Hericium Erinacium
Department of Biotechnology, College of Biomedical & Health Science, Konkuk University
- 노루궁뎅이 버섯의 효소 가수분해물로부터 항산화 활성 및 신경보호 효과

노루궁뎅이순두부들깨탕

 재료준비와 만드는 법

1. 노루궁뎅이는 깨끗이 씻어 먹기 좋은 크기로 굵게 찢은 후에 물에 10분 정도 담가 쓴맛을 제거한다.
2. 생표고는 밑동을 잘라 곱게 채 썬다.
3. 팽이는 밑동을 자른 후에 흐르는 물에 깨끗이 씻어 물기를 제거한다.
4. 냄비에 쌀뜨물과 다시마물을 붓고 끓이다가 국물이 끓어오르면 들깻가루와 버섯을 넣고 끓인다.
5. 국물이 한소끔 끓어오르면 순두부와 다진 마늘을 넣고 끓이다가 소금으로 간을 한다.
6. 마지막으로 팽이와 어슷 썬 대파를 올려 잠시 더 끓인 후에 들기름을 떨어뜨려 그릇에 담아낸다.

구 분	조리 후 중량	적정배식온도	총열량	총가열시간	총조리시간	주요조리도구
초등학생	175g(1인분)	70~80℃	83kcal	25분	40분	냄비

• 재료 및 분량 : 노루궁뎅이 20g, 생표고 15g, 팽이 7g, 순두부 20g, 대파 2g, 들깻가루 9g, 다진 마늘 2.5g, 들기름 1.5㎖, 쌀뜨물 70㎖, 다시마국물 110㎖(물 130㎖, 다시마 0.5g), 소금 1g

구 분	조리 후 중량	적정배식온도	총열량	총가열시간	총조리시간	주요조리도구
중·고등학생	250g(1인분)	70~80℃	113kcal	25분	40분	냄비

- **재료 및 분량**: 노루궁뎅이 30g, 생표고 20g, 팽이 10g, 순두부 30g, 대파 3g, 들깻가루 12.5g, 다진 마늘 3.5g, 들기름 2㎖, 쌀뜨물 100㎖, 다시마국물 150㎖(물 180㎖, 다시마 0.7g), 소금 1.5g

mushroom story

노루궁뎅이우거지된장찌개

🍲 재료준비와 만드는 법

1. 노루궁뎅이는 먹기 좋은 크기로 찢은 후에 물에 20분 정도 담가 쓴 맛을 제거한다.
2. 우거지를 끓는 물에 삶아 찬물에 헹궈 물기를 꼭 짠다. 삶은 우거지를 3cm 길이로 송송 썬 뒤 우거지 양념에 조물조물 무친다.
3. 애호박과 양파는 깍둑썰기 한다.
4. 고추와 대파는 어슷 썬다.
5. 냄비에 쌀뜨물과 다시멸치를 넣고 8분간 끓인 뒤 멸치를 건져 낸다.
6. 믹서에 물과 들깨를 넣고 곱게 간다.
7. 뚝배기에 우거지 양념한 것과 노루궁뎅이, 호박, 양파를 넣고 멸치 우린 물을 부어 끓이다가 국물이 한소끔 끓어오르면 들깨 간 것을 넣고 끓인다.
8. 어느 정도 재료가 익으면 고추와 대파를 넣고 잠시 더 끓인 후 소금으로 간을 한다.

구 분	조리 후 중량	적정배식온도	총열량	총가열시간	총조리시간	주요조리도구
초등학생	175g(1인분)	70~80℃	96kcal	30분	50분	믹서기, 냄비

- **재료 및 분량** : 노루궁뎅이 14g, 우거지 14g, 애호박 11g, 양파 7g, 다시멸치 3.5g, 쌀뜨물 110㎖, 들깨 11g, 물 70㎖, 청양고추 2.5g, 홍고추 2.5g, 대파 2g, 소금 0.7g
- **우거지 양념** : 된장 5.7g, 다진 마늘 2.5g, 참기름 2.5㎖, 후춧가루 0.1g

mushroom story

구 분	조리 후 중량	적정배식온도	총열량	총가열시간	총조리시간	주요조리도구
중·고등학생	250g(1인분)	70~80℃	131kcal	30분	50분	믹서기, 냄비

- **재료 및 분량** : 노루궁뎅이 20g, 우거지 20g, 애호박 15g, 양파 10g, 다시멸치 5g, 쌀뜨물 150㎖, 들깨 15g, 물 100㎖, 청양고추 3.5g, 홍고추 3.5g, 대파 3g, 소금 1g
- **우거지 양념** : 된장 8g, 다진 마늘 3.5g, 참기름 3.5㎖, 후춧가루 0.1g

mushroom story

노루궁뎅이시래기마늘솥밥

🥘 재료준비와 만드는 법

1. 찰보리, 멥쌀, 찹쌀은 깨끗이 씻어 물에 2시간 이상 불린다.
2. 삶은 시래기는 껍질을 벗겨 부드럽게 한 후에 깨끗이 씻어 1cm 길이로 송송 썬 다음 된장, 국간장, 참기름을 넣고 조물조물 무친다.
3. 노루궁뎅이는 먹기 좋은 크기로 찢는다.
4. 깐 마늘은 편으로 굵게 썬다.
5. 냄비에 찰보리, 멥쌀, 찹쌀 등을 참기름에 살짝 볶은 후에 시래기와 마늘을 얹어 분량의 다시마물을 붓고 밥을 짓는다.
6. 밥물이 끓어오르면 노루궁뎅이를 넣고 약한 불에서 뜸을 들인다. 밥이 완성되면 위아래 고루 뒤섞고 밥을 푼다.
7. 고추 장아찌는 잘게 다진 후에 홍고추 다진 것과 풋고추 다진 것, 다진 파, 다진 마늘, 깨소금, 참기름, 고추 장아찌 국물을 섞어 고추 장아찌 양념장을 만들어 밥에 비벼 먹는다.

> **Note** 다시마의 겉면을 젖은 행주로 닦아 냄비에 물을 붓고 다시마를 살짝 끓여서 다시마물을 준비한다. 다시마는 오래 끓이면 떫은맛이 나므로 물이 한소끔 끓어오르면 불을 끄고 다시마를 건져 낸다. 다시마물에서 비린내가 나면 청주나 맛술을 넣어준다.

구 분	조리 후 중량	적정배식온도	총열량	총가열시간	총조리시간	주요조리도구
초등학생	175g(1인분)	65℃	279kcal	30분	2시간 30분	냄비

- **재료 및 분량**: 삶은 시래기 15g, 노루궁뎅이 15g, 깐 마늘 1.5g, 찰보리 20g, 멥쌀 20g, 찹쌀 15g, 다시마국물 90㎖(물 110㎖, 다시마 1.5g), 된장 2g, 국간장 1.5㎖, 참기름 1.1㎖
- **양념장**: 고추 장아찌 9g, 홍고추 1.5g, 풋고추 1.5g, 고추 장아찌 국물 2.5㎖, 다진 파 2.5g, 다진 마늘 1g, 참기름 2.5㎖, 깨소금 1.5g

mushroom story

구 분	조리 후 중량	적정배식온도	총열량	총가열시간	총조리시간	주요조리도구
중·고등학생	250g(1인분)	65℃	373kcal	30분	2시간 30분	냄비

- **재료 및 분량** : 삶은 시래기 20g, 노루궁뎅이 20g, 깐 마늘 2g, 찰보리 30g, 멥쌀 30g, 찹쌀 20g, 다시마국물 125㎖(물 150㎖, 다시마 2g), 된장 3g, 국간장 2㎖, 참기름 1.5㎖
- **양념장** : 고추 장아찌 12.5g, 홍고추 2.5g, 풋고추 2.5g, 고추 장아찌 국물 3.5㎖, 다진 파 3.5g, 다진 마늘 1.5g, 참기름 3.5㎖, 깨소금 2.5g

mushroom story

노루궁뎅이된장수제비

🍲 재료준비와 만드는 법

1. 큰 볼에 밀가루와 소금을 넣고 물을 조금씩 넣어가면서 반죽을 한 다음 약 30분 정도 젖은 행주로 덮어둔다.
2. 노루궁뎅이는 먹기 좋은 크기로 찢는다.
3. 애호박과 감자는 도톰하게 반달로 썬다.
4. 양파는 굵게 채 썰고, 대파는 어슷 썬다.
5. 깻잎은 깨끗이 씻어 돌돌 말아 곱게 채 썬다.
6. 멸치다시마국물에 된장을 푼 다음 물이 끓으면 수제비 반죽을 조금씩 뜯어 넣고 끓인다. 수제비가 익어서 떠오르기 시작하면 호박, 감자, 양파, 보리새우를 넣고 끓인다. 재료가 어느 정도 익으면 노루궁뎅이와 대파를 넣고 잠시 더 끓인다.
7. 그릇에 수제비를 담고 그 위에 깻잎을 얹어 낸다.

> 📝 수제비 반죽을 할 때에 식용유 1큰술을 넣고 반죽하면 반죽이 부드럽다. 수제비 반죽을 만들기 번거로우면 시중에서 판매되고 있는 감자 수제비를 넣어도 좋다.

구 분	조리 후 중량	적정배식온도	총열량	총가열시간	총조리시간	주요조리도구
초등학생	280g(1인분)	65~80℃	297kcal	20분	50분	냄비

- **재료 및 분량** : 노루궁뎅이 28g, 애호박 21g, 감자 21g, 양파 14g, 대파 5g, 깻잎 3.5g, 보리새우 3.5g, 다진 마늘 2g, 멸치다시마국물 280㎖(물 320㎖, 맛술 14㎖, 다시멸치 7g, 다시마 1.4g), 된장 8.5g
- **수제비 반죽** : 밀가루 70g, 물 18㎖, 소금 1g, 식용유 1㎖

mushroom story

구 분	조리 후 중량	적정배식온도	총열량	총가열시간	총조리시간	주요조리도구
중·고등학생	400g(1인분)	65~80℃	405kcal	20분	50분	냄비

- **재료 및 분량** : 노루궁뎅이 40g, 애호박 30g, 감자 30g, 양파 20g, 대파 7g, 깻잎 5g, 보리새우 5g, 다진 마늘 3g, 멸치다시마국물 400㎖ (물 450㎖, 맛술 20㎖, 다시멸치 10g, 다시마 2g), 된장 12g
- **수제비 반죽** : 밀가루 100g, 소금 1.5g, 식용유 1.5㎖, 물 25㎖

mushroom story

노루궁뎅이바삭강정

재료준비와 만드는 법

1. 각각의 버섯은 깨끗이 씻은 후에 한입 크기로 썰어 끓는 물에 소금을 넣고 살짝 데친 다음 키친타월로 물기를 제거한다.
2. 홍고추와 풋고추는 곱게 다진다.
3. 비닐봉투에 녹말가루와 버섯을 함께 넣고 고루 흔들어 섞어 준다.
4. 냄비에 분량의 강정 소스 재료를 모두 넣고 걸쭉하게 될 때까지 끓인다.
5. ③의 버섯을 180℃의 기름에 바삭하게 튀겨 ④의 소스가 따뜻할 때에 버무린 뒤 통깨를 뿌려 낸다.

구 분	조리 후 중량	적정배식온도	총열량	총가열시간	총조리시간	주요조리도구
초등학생	85g(1인분)	65~70℃	363kcal	30분	50분	튀김솥

- **재료 및 분량** : 노루궁뎅이 36g, 생표고 20g, 새송이 20g, 녹말가루 28g, 소금 0.7g, 식용유 107㎖, 통깨 1.4g
- **강정 소스** : 간장 3.5㎖, 물엿 3.5㎖, 매실청 1.4㎖, 홍고추 1.4g, 풋고추 1.4g, 맛술 1.4㎖, 참기름 1.4㎖, 고추장 1g, 고춧가루 1g, 다진 파 1g, 다진 마늘 0.7g

구 분	조리 후 중량	적정배식온도	총열량	총가열시간	총조리시간	주요조리도구
중·고등학생	120g(1인분)	65~70℃	505kcal	30분	50분	튀김솥

- **재료 및 분량** : 노루궁뎅이 50g, 생표고 30g, 새송이 30g, 녹말가루 40g, 소금 1g, 식용유 150㎖, 통깨 2g
- **강정 소스** : 간장 5㎖, 물엿 5㎖, 매실청 2㎖, 홍고추 2g, 풋고추 2g, 맛술 2㎖, 참기름 2㎖, 고추장 1.5g, 고춧가루 1.5g, 다진 파 1.5g, 다진 마늘 1g

mushroom story

Part 7. 만가닥버섯

■ 만가닥버섯을 이용한 요리

만가닥버섯은 버섯 모양이 뚜렷하고 잘 부서지지 않아 고명용으로도 많이 쓰이며 질감이 쫄깃쫄깃하여 다용도로 사용한다. 볶음, 무침, 탕, 전골, 튀김, 장아찌, 고명 등에 적합하다.

■ 만가닥버섯 손질법

- 밑동의 딱딱한 부위를 잘라 낸다.
- 가닥을 떼어 소금물에 씻은 후 원하는 크기로 찢어서 사용한다.
- 약간 미끈거리는 성분이 있으므로 15% 정도의 소금물에 씻는 것이 좋다.

■ 만가닥버섯 보관법

- 씻지 않은 상태로 밀폐용기에 담아 1주일 정도 냉장고에 보관한다.
- 오래 보관할 때는 1개월 정도 냉동실에 보관한다.

만가닥버섯 (느티만가닥버섯)

학 명 *Hypsizygus marmoreus* (Peck) H.E. Bigelow
분 류 주름버섯목 만가닥버섯과 느티만가닥버섯속
분 포 한국, 동남아시아, 유럽, 북아메리카 등
서 식 가을에서 초겨울 사이 느릅나무 등의 활엽수 고사목 그루터기에 다발로 발생

만가닥버섯의 학술적 이름은 '느티만가닥버섯'이지만 다발로 무리 지어 자라는 특성이 강해 '만가닥버섯'이라고도 불린다. 느티만가닥버섯은 흰색과 갈색종이 있는데 갓 표면에 거북 등과 비슷한 문양이 나타나는 특징이 있으며, 과거에는 '만가닥느타리'라고도 불렸다.

다른 버섯에 비해 재배기간이 길어서 '백일송이', 대가 길고 다발로 자라기 때문에 '만가닥버섯', 버섯 본래의 이름을 따라 '느티만가닥'이라는 서로 다른 상품명으로 국내에 유통되는데, 모두 느티만가닥버섯의 재배종이다.

일본에서 인기가 매우 높은 버섯으로 야생의 특성인 쓴맛이 약간 남아 있지만 식감이 매우 좋고 부드러우면서도 다른 식재료의 맛을 해치지 않아 여러 가지 요리에 잘 어울린다. 저장기간이 길어질수록 쓴맛이 강해지므로 쓴맛을 싫어하는 사람은 바로 요리를 해서 먹는 것이 좋다.

만가닥버섯은 체내 콜레스테롤 함량을 줄이고, 지방세포의 크기를 줄여주는 효과가 밝혀졌고, 항산화, 항종양, 항통풍, 혈행 개선, 피부미백 등의 효능이 있다.

mushroom story

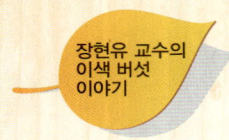

종양 억제율이 높은
『만가닥버섯(백일송이)』

"아는 것은 좋아하는 것만 못하고 좋아하는 것은 즐기는 것만 못하다(知之者不如好之者 好之者不如樂之者)."

《논어》에 나오는 이 구절은 버섯에 인용해도 큰 무리가 없다. 버섯을 아는 것은 버섯을 좋아하는 것만 못하고, 버섯을 좋아하는 것은 버섯을 즐기는 것만 못하다. 느티만가닥버섯은 그 버섯을 잘 알고 좋아하는 것만으로는 설명이 잘 안 된다. 맛을 즐겨봐야 그 진수를 느낄 수 있다. 육질은 단단하고 씹히는 감이 좋으며, 줄기는 흰색이고 두껍다.

버섯은 저칼로리 식품으로 독특한 향을 가질 뿐만 아니라 면역 활성·생체리듬 조절 효과, 그리고 암·뇌졸중·심장병 등에 대한 예방 치료 효과가 있는 것으로 알려져 있다. 또 콜레스테롤 저하·고지혈증 개선·항혈전·혈압강하·혈당강하·항산화 등에 관여하는 유효한 성분들도 함유하고 있는 것으로 밝혀지고 있다. 느티만가닥버섯의 자실체에서 추출물을 분리 정제하여 얻은 단백다당체 또한 고형암에 대하여 높은 종양 억제율을 나타낸다. 다당체는 만노스·자일로스·글루코스·갈락토스·퓨코스로 구성된 이종 글루칸이며 단백질은 글리신과 알라닌을 위시한 16종의 아미노산을 함유하고 있다.

흔히 식용버섯의 자실체에 함유된 추출물 조성분은 70~95%의 수분과 5~30%의 유·무기성분으로 구성되어 있으며 말린 버섯에는 15~30%의 단백질, 2~10%의 지방과 50% 내외의 가용성 질소화합물이 들어 있고, 5~10%의 조섬유와 칼륨·인산·석회 등의 무기질이 함유되어 있다.

느티만가닥버섯은 버섯균이 자라는 속도가 매우 느리다. 일반적인 버섯균이 버섯으로 탄생하려면 30일 전후의 배양기간이 소요되는 데 반해 느티만가닥버섯은 100일 전후가 소요된다고 하여 상품명도 '백일송이'라고 불린다. 국내에서는 현재 충북 음성의 모 기업체 운영농장에서 생산 중이다.

또 다른 특징은 버섯이 느리게 자라는 대신 버섯살(조직)이 단단하여 저장기간이 길고 신선도를 오랫동안 유지할 수 있다는 점이다. 느티만가닥버섯은 송이과에 속하며 가을에서 초겨울에 너도밤나무나 느티나무 같은 활엽수의 그루터기나 쓰러진 나무에 발생한다. '느티만가닥' 외에 니레버섯, 일본명으로 부나시메지라고도 부른다. 버섯갓은 처음에는 둥글고 나중에는 평평하게 벌어진다. 갈색에 가까운 회백색이며, 가운데에는 대리석 같은 무늬가 있다.

한국농수산대학 버섯학과

mushroom story

만가닥버섯의 기능성 및 효능에 관한 주요 논문 및 특허 자료

식용버섯의 생리기능성 물질 탐색과 파골세포 분화 저해물질의 생산
(Korean journal of mycology Vol.40 No.2 [2012])
- 만가닥버섯의 항고혈압 활성, 파골세포의 분화를 저해, 혈전 용해 항통풍 활성 효과

느티만가닥버섯의 항비만 효과
(한국식품영양과학회지 제40권 제12호, 2011.12, 1708-1714)
- 혈중 콜레스테롤 함량, 조직의 지방 함량뿐만 아니라 지방의 크기 역시 눈에 띄게 감소

Inhibition of cell cycle progression on HepG2 cells by hypsizigus A9 isolated from Hypsizigus marmoreus.
Jong-Sun Chang, Jong-Keun Son, Gao Li, Eun-Jung Oh, Ji-Young Kim, Sun-Hee Park, Joon-Tae Bae, Hyun-Jeong Kim, In-Seon Lee, Ok-Mi Kim, Nobuyuki Kozukue, Jae-Sook Han, Masao Hirose, Kap-Rang Lee (Cancer Letters Volume 212, Issue 1, 20 August 2004, Pages 7-14)
- 만가닥버섯에서 추출한 hypsizigus A9이란 물질이 간암 세포인 HepG2 cell에 작용하여 암세포의 증식을 막는 역할

Antioxidant properties of extracts from a white mutant of the mushroom Hypsizigus marmoreus
Lee, Y.-L., Jian, S.-Y., Lian, P.-Y., Mau, J.-L. (Journal of Food Composition and Analysis Volume 21, Issue 2, March 2008, Pages 116-124)
- 만가닥버섯의 항산화 효과

식용버섯 자실체 추출물을 유효성분으로 함유하는 피부미백용 화장료 조성물
(Cosmetic composition containing cultivating mushrooms for skin whitening)
출원번호: 10-2009-0048785 (20090602)
공개번호: 1020100130109 (20101210)
- 부작용이 적으면서도 항산화 효과 및 티로시나아제 저해 활성, 멜라닌 생합성 저해활성 등 미백효과를 나타냄으로써 신뢰할 수 있는 피부미백제로서 사용 가능성

만가닥버섯해물탕

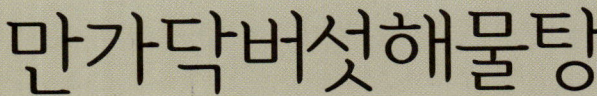

🍲 재료준비와 만드는 법

1. 만가닥버섯은 가닥을 떼어 굵은 것은 찢는다. 양송이는 도톰하게 썰고, 표고는 얇게 포를 뜨고, 목이는 한 잎씩 뜯어 깨끗이 씻은 후 물기를 뺀다.
2. 당근, 양배추, 죽순은 깨끗이 씻어 골패형으로 썰고, 양파는 1cm 폭으로 채 썰고, 청경채는 4등분으로 갈라놓는다.
3. 오징어는 손질 후 격자로 칼집을 넣어 채소와 같은 크기로 썰고, 새우, 홍합, 굴은 깨끗이 씻는다.
4. 양념장용 양파, 대파, 청양고추는 쌀알 크기로 잘게 썰고, 마늘과 생강은 다지고, 마른 고추는 0.5×0.5cm로 썬다.
5. 〈육수〉 멸치는 내장을 뺀 후 마른 팬에 말리듯 볶아 분량의 냉수에 넣고 다시마를 넣어 30분 정도 은근하게 끓인다.
6. 〈양념장〉 팬에 고추기름을 두르고 마른 고추와 생강을 넣고 타지 않게 볶다가 마늘, 양파, 대파, 청양고추를 넣고 수분이 거의 증발하도록 볶은 후 나머지 재료를 넣고 걸쭉한 농도가 되도록 끓인다.
7. 팬에 고추기름을 두르고 오징어와 양념장을 섞어 넣고 볶다가 ①, ②의 재료와 나머지 해산물을 넣고 볶은 후 육수를 붓고 한소끔 바글바글 끓인다.
8. 우동을 삶아 그릇에 담고 국물을 붓는다.

> Note 채소와 해산물은 취향에 따라 가감한다.

구 분	조리 후 중량	적정배식온도	총열량	총가열시간	총조리시간	주요조리도구
초등학생	280g(1인분)	65~80℃	195kcal	45분	60분	냄비

- **재료 및 분량** : 만가닥버섯 7g, 양송이 3.5g, 표고 1g, 목이(불린 것) 1.4g, 오징어 8.4g, 새우살 1.8g, 홍합 1개(15g), 굴 1.8g, 청경채 2.5g, 양파 2.5g, 당근 2.1g, 양배추 4.9g, 죽순 2.1g, 고추기름 2.8㎖, 멸치 육수 210㎖, 우동(삶은 것) 126g
- **양념장** : 양파 4.4g, 대파 2.1g, 마늘 2.1g, 생강 0.3g, 청양고추 0.3g, 마른 고추 0.2g, 고추기름 1.4㎖, 굴소스 0.7g, 두반장 0.2g, 청주 0.9㎖, 고춧가루 0.6g, 소금 0.4g, 후추 0.1g, 멸치 육수 5.8㎖
- **멸치 육수** : 다시마 1.1g, 멸치 2.1g, 물 280㎖

mushroom story

구 분	조리 후 중량	적정배식온도	총열량	총가열시간	총조리시간	주요조리도구
중·고등학생	400g(1인분)	65~80℃	278kcal	45분	60분	냄비

- **재료 및 분량** : 만가닥버섯 10g, 양송이 5g, 표고 3g, 목이(불린 것) 2g, 오징어 12g, 새우살 2.5g, 홍합 1개(15g), 굴 2.5g, 청경채 3.5g, 양파 3.5g, 당근 3g, 양배추 7g, 죽순 3g, 고추기름 4$m\ell$, 멸치 육수 300$m\ell$, 우동(삶은 것) 180g
- **양념장** : 양파 6.3g, 대파 3g, 마늘 3g, 생강 0.4g, 청양고추 0.4g, 마른 고추 0.3g, 고추기름 2$m\ell$, 굴소스 1g, 두반장 0.3g, 청주 1.3$m\ell$, 고춧가루 0.9g, 소금 0.5g, 후추 0.1g, 멸치 육수 8.3$m\ell$
- **멸치 육수** : 다시마 1.5g, 멸치 3g, 물 400$m\ell$

mushroom story

만가닥버섯들깨탕

🍲 재료준비와 만드는 법

1. 만가닥버섯은 가닥을 떼어 굵은 것은 찢고, 표고는 기둥을 떼고 깨끗이 씻어 얇게 채 썬다.
2. 쇠고기는 5~6cm로 가늘게 채 썰고, 양파는 결대로 채 썰고, 대파는 어슷하게 썰고, 쪽파는 3cm 길이로 썬다.
3. 〈들깨 육수〉 쇠고기 육수에 된장과 들깻가루를 풀어 한소끔 끓인 후 고운체에 걸러놓는다.
4. 팬에 참기름을 두르고 마늘과 쇠고기, 양파를 넣고 볶은 뒤 ③의 육수를 붓고 끓이다가 버섯과 대파, 조랭이떡을 넣어 은근하게 끓인 후 마지막에 쪽파를 넣고 소금, 후추로 간을 맞춘다.

> Note 쪽파는 마지막에 넣어 향과 색을 유지시킨다.

구 분	조리 후 중량	적정배식온도	총열량	총가열시간	총조리시간	주요조리도구
초등학생	140g(1인분)	65~80℃	104kcal	20분	30분	냄비

- **재료 및 분량** : 만가닥버섯 14g, 표고 3.5g, 쇠고기 7g, 양파 3.5g, 대파 3.5g, 다진 마늘 1.4g, 쪽파 1.4g, 조랭이떡 9.1g, 참기름 2.7㎖, 소금 0.4g, 후추 0.1g
- **들깨 육수** : 쇠고기 육수 126㎖, 된장 3.8g, 들깻가루 3.5g

구 분	조리 후 중량	적정배식온도	총열량	총가열시간	총조리시간	주요조리도구
중·고등학생	200g(1인분)	65~80℃	149kcal	20분	30분	냄비

- 재료 및 분량 : 만가닥버섯 20g, 표고 5g, 쇠고기 10g, 양파 5g, 대파 5g, 다진 마늘 2g, 쪽파 2g, 조랭이떡 13g, 참기름 3.8㎖, 소금 0.5g, 후추 0.1g
- 들깨 육수 : 쇠고기 육수 180㎖, 된장 5.4g, 들깻가루 5g

mushroom story

만가닥버섯육개장

재료준비와 만드는 법

1. 쇠고기 양지를 덩어리째 찬물에 담가 1시간 정도 핏물을 뺀 후 분량의 물을 붓고 1시간 20분 정도 중불에서 끓이다가 대파 1쪽과 마늘 1쪽을 넣고 30분 정도 더 끓인다.
2. 만가닥버섯은 가닥을 떼어 찢은 후 끓는 물에 여분의 소금을 넣고 데쳐 찬물에 헹궈놓고, 표고는 기둥을 잘라 내고 채 썬다.
3. 대파는 반을 갈라 6cm 길이로 자른 다음 끓는 물에 여분의 소금을 넣고 데쳐 찬물에 씻으면서 미끈거리는 속꺼풀을 제거한다.
4. 고기가 부드럽게 익으면 5~6cm 길이로 잘라 결대로 가늘게 찢어 놓고 국물은 고운체에 걸러 기름기를 없앤다.
5. 〈고춧가루 볶음〉 대파, 마늘, 생강을 곱게 다져 식용유를 두른 팬에 넣고 잠시 볶다가 고춧가루를 넣고 고소한 냄새가 날 정도로만 약한 불에서 볶으면서 나머지 재료를 넣고 잠시 더 볶는다.
6. 쇠고기와 대파에 고춧가루 볶음을 넣고 버무려 냄비에 담고, 버섯과 육수를 넣고 끓이면서 소금과 후추로 간을 맞추고 마지막에 쪽파를 넣어 잠시 더 끓인다.

구 분	조리 후 중량	적정배식온도	총열량	총가열시간	총조리시간	주요조리도구
초등학생	224g(1인분)	65~80℃	153kcal	2시간 30분	4시간	냄비

- **재료 및 분량** : 쇠고기(양지) 28g, 만가닥버섯 28g, 표고 4.9g, 대파 28g, 쪽파 3.5g, 마늘 3.5g, 물 350㎖, 여분의 소금
- **고춧가루 볶음** : 대파 2.7g, 마늘 2.7g, 생강 1.8g, 고춧가루 2.7g, 식용유 5.3㎖, 국간장 2.7㎖, 참기름 2.7㎖, 소금 1.5g, 후추 0.1g

mushroom story

구 분	조리 후 중량	적정배식온도	총열량	총가열시간	총조리시간	주요조리도구
중·고등학생	320g(1인분)	65~80℃	218kcal	2시간 30분	4시간	냄비

- **재료 및 분량** : 쇠고기(양지) 40g, 만가닥버섯 40g, 표고 7g, 대파 40g, 쪽파 5g, 마늘 5g, 물 500㎖, 여분의 소금
- **고춧가루 볶음** : 대파 3.8g, 마늘 3.8g, 생강 2.5g, 고춧가루 3.8g, 식용유 7.5㎖, 국간장 3.8㎖, 참기름 3.8㎖, 소금 2.2g, 후추 0.2g

mushroom story

만가닥버섯들깨볶음

 재료준비와 만드는 법

1. 만가닥버섯은 가닥을 떼어 끓는 물에 소금을 넣고 데친 후 찬물에 헹구어 물기를 짠다.
2. 양파와 홍고추는 5cm 길이로 채 썰고, 대파와 마늘은 곱게 다진다.
3. 팬에 식용유를 두르고 다진 마늘과 대파를 볶아 향을 낸 후 양파, 홍고추, 버섯 순으로 넣으며 볶는다.
4. ③에 간장과 육수를 넣고 촉촉하게 계속 볶으면서 들깻가루를 뿌리고 소금과 후추로 간을 맞춘 다음 들기름을 섞어 완성한다.
5. 접시에 담고 실파를 송송 썰어 고명으로 뿌린다.

구 분	조리 후 중량	적정배식온도	총열량	총가열시간	총조리시간	주요조리도구
초등학생	35g(1인분)	40~60℃	95kcal	15분	30분	프라이팬

- **재료 및 분량** : 만가닥버섯 24.5g, 양파 6.1g, 홍고추 1.4g, 대파 2.3g, 마늘 1.4g, 간장 1.4㎖, 소금 0.5g, 후추 0.1g, 식용유 5.1㎖, 다시마 육수 6.1㎖, 들깻가루 3.5g, 들기름 1.9㎖, 실파 1.9g

구 분	조리 후 중량	적정배식온도	총열량	총가열시간	총조리시간	주요조리도구
중·고등학생	50g(1인분)	40~60℃	136kcal	15분	30분	프라이팬

• **재료 및 분량** : 만가닥버섯 35g, 양파 8.7g, 홍고추 2g, 대파 3.3g, 마늘 2g, 간장 2㎖, 소금 0.7g, 후추 0.1g, 식용유 7.3㎖, 다시마 육수 8.7㎖, 들깻가루 5g, 들기름 2.7㎖, 실파 2.7g

mushroom story

만가닥버섯고등어조림

 재료준비와 만드는 법

1. 만가닥버섯은 가닥을 떼어 깨끗이 씻고, 대파는 반을 갈라 5cm 길이로 자른다.
2. 홍고추와 풋고추는 어슷하게 썰고, 마늘과 생강은 곱게 다진다.
3. 고등어는 반을 갈라 흐르는 물에 씻어 물기를 닦은 후 원하는 크기로 자른다.
4. 손질한 고등어에 다진 마늘 1/2과 생강, 청주, 후추를 고루 뿌려 20분 정도 재운다.
5. 나머지 마늘과 다시마 육수, 파인애플주스, 간장, 고추장, 고춧가루, 설탕, 카레가루를 혼합한다.
6. 냄비에 버섯을 깔고, 고등어를 껍질이 위로 가도록 담은 뒤 고추와 대파를 골고루 뿌리고 ⑤의 혼합물을 넣고 국물이 자작해질 때까지 조린다.

구 분	조리 후 중량	적정배식온도	총열량	총가열시간	총조리시간	주요조리도구
초등학생	91g(1인분)	65~70℃	131kcal	20분	40분	냄비

- **재료 및 분량 :** 고등어 49g, 만가닥버섯 21g, 홍고추 0.7g, 풋고추 2.1g, 대파 3.5g, 마늘 2.13g, 생강 0.7g, 청주 2.1㎖, 다시마 육수 21㎖, 파인애플주스 7㎖, 설탕 1.1g, 간장 6.3㎖, 고추장 4.9g, 고춧가루 1.2g, 카레가루 0.2g, 후추 0.1g

mushroom story

구 분	조리 후 중량	적정배식온도	총열량	총가열시간	총조리시간	주요조리도구
중·고등학생	130g(1인분)	65~70℃	186kcal	20분	40분	냄비

- **재료 및 분량** : 고등어 70g(1/4마리), 만가닥버섯 30g, 홍고추 1g, 풋고추 3g, 대파 5g, 마늘 3g, 생강 1g, 청주 3㎖, 다시마 육수 30㎖, 파인애플주스 10㎖, 설탕 1.5g, 간장 9㎖, 고추장 7g, 고춧가루 1.7g, 카레가루 0.3g, 후추 0.1g

mushroom story

만가닥버섯잡채밥

재료준비와 만드는 법

1. 당면은 6시간 전에 찬물에 담가 미리 불려놓고, 돼지고기는 5cm 길이로 채 썬다.
2. 만가닥버섯은 가닥을 떼어 찢고, 표고는 가늘게 채 썰고, 목이는 한 잎씩 뜯어 씻은 다음 각각 끓는 물에 소금을 넣고 데친 후 찬물에 헹구어 물기를 짠다.
3. 당근과 양파는 돼지고기와 같은 길이로 채 썰고, 부추도 같은 길이로 썬다.
4. 〈양념〉 양파, 대파, 마늘, 홍고추는 잘게 다지고 생강은 곱게 다진 다음 식용유를 두른 팬에 넣고 수분이 거의 증발하도록 볶은 후 나머지 재료를 넣고 자작하게 끓인다.
5. 불린 당면은 2〜3등분으로 잘라 끓는 물에 삶아 물기를 뺀다.
6. 팬에 식용유를 두르고 돼지고기와 버섯, 채소, 당면을 각각 볶아 ④의 양념을 넣고 섞는다.
7. 그릇에 밥을 담고 버섯잡채를 곁들인다.

구 분	조리 후 중량	적정배식온도	총열량	총가열시간	총조리시간	주요조리도구
초등학생	280g(1인분)	50〜60℃	345kcal	20분	60분	프라이팬

- **재료 및 분량** : 당면(불린 것) 42g, 만가닥버섯 35g, 표고 10.5g, 목이 2.1g, 돼지 살코기 7g, 당근 3.5g, 양파 5.6g, 부추 3.5g, 참기름 2.1㎖, 식용유 3.5㎖, 밥 140g
- **양 념** : 양파 10.5g, 대파 5g, 마늘 5g, 생강 0.3g, 홍고추 4.2g, 청주 5.9㎖, 간장 10.5㎖, 육수 8.4㎖, 소금 0.4g, 후추 0.1g, 참기름 1.2㎖, 식용유 14.7㎖

mushroom story

구 분	조리 후 중량	적정배식온도	총열량	총가열시간	총조리시간	주요조리도구
중·고등학생	400g(1인분)	40~60℃	493kcal	20분	60분	프라이팬

- **재료 및 분량** : 당면(불린 것) 60g, 만가닥버섯 50g, 표고 15g, 목이 3g, 돼지 살코기 10g, 당근 5g, 양파 8g, 부추 5g, 참기름 3㎖, 식용유 5㎖, 밥 200g
- **양 념** : 양파 15g, 대파 7.2g, 마늘 7.2g, 생강 0.4g, 홍고추 6g, 청주 8.4㎖, 간장 15㎖, 육수 12㎖, 소금 0.6g, 후추 0.2g, 참기름 1.7㎖, 식용유 21㎖

mushroom story

만가닥버섯비빔국수

재료준비와 만드는 법

1. 만가닥버섯은 가닥을 떼고 굵은 것은 찢어 끓는 물에 소금을 넣고 데친 후 찬물에 식혀 물기를 짠다.
2. ①의 버섯에 청주, 설탕, 참기름 3.8㎖를 넣어 20분 정도 재워 두었다가 다시 가볍게 물기를 짠다.
3. 배는 껍질과 씨를 제거해 굵게 채 썰고, 부추는 깨끗이 씻어 5cm 길이로 썬다.
4. 〈양념장〉 모든 재료를 섞어 양념장을 만든다.
5. ②의 버섯과 부추, 배를 섞어 양념장을 넣고 무친다.
6. 소면을 삶아 찬물에 헹군 후 나머지 참기름과 ⑤의 버섯 무침을 넣고 버무려 접시에 담는다.

구 분	조리 후 중량	적정배식온도	총열량	총가열시간	총조리시간	주요조리도구
초등학생	245g(1인분)	4~10℃	412kcal	10분	30분	냄비

- **재료 및 분량** : 만가닥버섯 42g, 청주 5.3㎖, 참기름 5.3㎖, 설탕 2.5g, 배 21g, 부추 9.1g, 소면 56g
- **양념장** : 고추장 17.5g, 간장 5.3㎖, 2배식초 5.3㎖, 생강즙 1.7㎖, 다진 마늘 3.5g, 참기름 5.3㎖, 설탕 7g, 깨소금 2.7g

구 분	조리 후 중량	적정배식온도	총열량	총가열시간	총조리시간	주요조리도구
중·고등학생	350g(1인분)	4~10℃	588kcal	10분	30분	냄비

- **재료 및 분량** : 만가닥버섯 60g, 청주 7.5㎖, 참기름 7.5㎖, 설탕 3.5g, 배 30g, 부추 13g, 소면 80g
- **양념장** : 고추장 25g, 간장 7.5㎖, 2배식초 7.5㎖, 생강즙 2.5㎖, 다진 마늘 5g, 참기름 7.5㎖, 설탕 10g, 깨소금 3.8g

mushroom story

만가닥버섯수제비

재료준비와 만드는 법

1. 〈반죽〉 만가닥버섯을 깨끗이 씻어 잘게 썬 뒤 분량의 물과 소금을 넣고 믹서에 곱게 간 다음 밀가루를 체에 내려 넣고 부드럽게 반죽한 후 촉촉한 면보로 덮어 20분 정도 숙성시킨다.
2. 〈멸치 육수〉 멸치는 내장을 빼고 마른 팬에 말리듯이 볶아 다시마와 분량의 물을 넣고 약한 불에서 30분 정도 끓인 후 고운체에 거른다.
3. 만가닥버섯은 가닥을 떼고, 표고는 기둥을 잘라 어슷하게 편으로 썰고, 목이는 한 잎씩 뜯은 다음 각각 끓는 물에 소금을 넣고 데쳐 낸다.
4. 실파와 홍고추는 3cm 길이로 썰고, 마늘은 곱게 다진다.
5. 〈양념 간장〉 청양고추와 쪽파는 송송 썰고 마늘은 곱게 다져 나머지 재료를 넣고 섞는다.
6. 멸치 육수(1인분: 300㎖)에 간장과 ③의 버섯을 넣고 끓이면서 반죽을 얇게 떼어 넣고 반죽이 떠오를 때까지 끓인 후 마늘과 실파, 홍고추를 넣고 소금과 후추로 간하여 잠시 더 끓인다.
7. 수제비를 그릇에 담고, 양념 간장은 따로 담아 제공한다.

> Note 맵지 않게 하려면 양념 간장에 청양고추 대신 풋고추를 넣는다. 수제비가 번거로울 경우 생칼국수를 넣을 수 있다.

구 분	조리 후 중량	적정배식온도	총열량	총가열시간	총조리시간	주요조리도구
초등학생	315g(1인분)	65~80℃	496kcal	42분	60분	냄비, 믹서기

- **재료 및 분량** : 만가닥버섯 21g, 표고 7g, 불린 목이 7g, 실파 2.1g, 홍고추 2.1g, 다진 마늘 2.8g, 국간장 2.8㎖, 소금 1.8g, 후추 0.1g, 멸치 육수 210㎖
- **반 죽** : 밀가루 70g, 만가닥버섯 21g, 소금 0.7g, 물 14㎖, 여분의 밀가루
- **멸치 육수** : 국물용 멸치 3.5g, 다시마 1.4g, 물 350㎖
- **양념 간장** : 청양고추 3.5g, 쪽파 3.5g, 마늘 0.9g, 간장 7㎖, 참기름 3.5㎖, 깨소금 1.4g

mushroom story

구 분	조리 후 중량	적정배식온도	총열량	총가열시간	총조리시간	주요조리도구
중·고등학생	450g(1인분)	65~80℃	708kcal	42분	60분	냄비, 믹서기

- **재료 및 분량** : 만가닥버섯 30g, 표고 10g, 불린 목이 10g, 실파 3g, 홍고추 3g, 다진 마늘 4g, 국간장 4㎖, 소금 2.5g, 후추 0.2g, 멸치 육수 300㎖
- **반 죽** : 밀가루 150g, 만가닥버섯 30g, 소금 1g, 물 20㎖, 여분의 밀가루
- **멸치 육수** : 국물용 멸치 5g, 다시마 2g, 물 500㎖
- **양념 간장** : 청양고추 5g, 쪽파 5g, 마늘 1.3g, 간장 10㎖, 참기름 5㎖, 깨소금 2g

mushroom story

만가닥버섯장떡

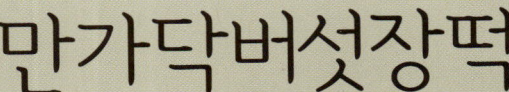

 재료준비와 만드는 법

1. 만가닥버섯은 끓는 물에 소금을 넣고 데쳐 찬물에 식힌 후 잘게 썬다.
2. 두부는 면보로 싸서 물기를 짠 후 칼등으로 곱게 으깨고, 홍고추는 송송 썰어 씨를 턴다.
3. 으깬 두부에 ①의 버섯을 넣고 섞으면서 소금, 후추, 참기름으로 간한다.
4. 된장과 고추장을 분량의 물에 풀어 체에 거른 다음 밀가루와 달걀을 넣고 잘 섞은 후 ③의 재료와 홍고추를 넣고 혼합한다.
5. 팬에 식용유를 둘러 달군 후 반죽을 한 수저씩 떠 넣고 앞뒤로 노릇하게 지진다.

구 분	조리 후 중량	적정배식온도	총열량	총가열시간	총조리시간	주요조리도구
초등학생	42g(1인분)	70~75℃	80kcal	15분	30분	프라이팬

- **재료 및 분량** : 만가닥버섯 14g, 두부 9.1g, 홍고추 2.1g, 고추장 1.3g, 된장 2.6g, 참기름 0.9㎖, 밀가루 7g, 달걀 14g, 물 11.7㎖, 식용유 0.9㎖, 소금 0.4g, 후추 0.1g

mushroom story

구 분	조리 후 중량	적정배식온도	총열량	총가열시간	총조리시간	주요조리도구
중·고등학생	60g(1인분)	70~75℃	114kcal	15분	30분	프라이팬

- **재료 및 분량** : 만가닥버섯 20g, 두부 13g, 홍고추 3g, 고추장 1.8g, 된장 3.7g, 참기름 1.3㎖, 밀가루 10g, 달걀 20g, 물 16.7㎖, 식용유 1.3㎖, 소금 0.7g, 후추 0.1g

mushroom story

만가닥버섯탕수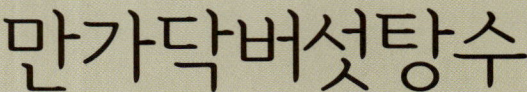

 재료준비와 만드는 법

1. 만가닥버섯은 가닥을 떼고 깨끗이 씻어 물기를 뺀 다음 약간의 소금을 뿌려놓는다.
2. 목이는 한 잎씩 뜯고, 배춧잎도 같은 크기로 썰어 끓는 물에 소금을 넣고 데친 후, 찬물에 헹구어 물기를 뺀다. 파인애플은 대추알 크기로 잘라놓는다.
3. 오이와 당근은 반을 갈라 어슷하게 썰고, 양파와 대파는 굵게 채 썰고, 생강은 다진다.
4. ①의 버섯을 손으로 물기를 꼭 짜서 녹말가루와 달걀을 넣고 버무린 다음 튀김기름(180℃)에 노릇하게 튀긴다.
5. 팬에 식용유를 두르고 ②, ③의 채소를 넣고 살짝 볶다가 간장, 물, 설탕, 식초를 넣고 잠시 끓인 후 물녹말을 풀어 농도를 맞춘다.
6. 튀긴 버섯을 접시에 담고 소스를 뿌린다.

 소스는 먹기 직전에 섞는다.

구 분	조리 후 중량	적정배식온도	총열량	총가열시간	총조리시간	주요조리도구
초등학생	140g(1인분)	55~65℃	340kcal	25분	50분	튀김솥, 냄비

- **재료 및 분량** : 만가닥버섯 70g, 녹말가루 35g, 달걀 14g, 오이 3.5g, 당근 3.5g, 배춧잎 3.5g, 양파 3.5g, 대파 1g, 목이(불린 것) 3.5g, 파인애플 3.5g, 생강 0.2g, 튀김유 적당량
- **양   념** : 식용유 2.8㎖, 식초 10.5㎖, 간장 3.5㎖, 물 61.6㎖, 설탕 28g, 물녹말 6.2㎖

mushroom story

구 분	조리 후 중량	적정배식온도	총열량	총가열시간	총조리시간	주요조리도구
중·고등학생	200g(1인분)	55~65℃	486kcal	25분	50분	튀김솥, 냄비

- **재료 및 분량** : 만가닥버섯 100g, 녹말가루 50g, 달걀 20g, 오이 5g, 당근 5g, 배춧잎 5g, 양파 5g, 대파 1.5g, 목이(불린 것) 5g, 파인애플 5g, 생강 0.3g, 튀김유 적당량
- **양   념** : 식용유 4㎖, 식초 15㎖, 간장 5㎖, 물 88㎖, 설탕 40g, 물녹말 8.8㎖

mushroom story

Part 8. 머쉬마루

■ 머쉬마루를 이용한 요리

머쉬마루는 새송이와 사촌지간이라고 볼 수 있는데 새송이보다 쉽게 찢어지고 찌개 요리에 더 적합하며 된장국, 들깨탕, 버섯덮밥, 잡채, 볶음 요리에 활용할 수 있다. 머쉬마루와 비슷한 '아이버섯'은 구이용으로 더 적합한 버섯인데 머쉬마루와 같은 방식으로 요리에 활용 가능하다.

■ 머쉬마루 손질법

- 흐르는 물에 가볍게 씻은 후 물기를 제거하고 결대로 찢어 조리에 사용한다.

■ 머쉬마루 보관법

- 사용하고 남은 버섯은 버섯 구매 시 담겼던 포장용기에 담거나 키친타월에 싸서 냉장보관한다.

머쉬마루

학 명 *Pleurotus ferulae* Lanzi
분 류 주름버섯목 느타리과 느타리속
분 포 중국
서 식 중국 신강성의 아위나무에 자생

중국의 신강지방 건조지대에서 자생하는 약용식물인 아위나무에서 자라기 때문에 '아위버섯' 혹은 '아위느타리'로 불린다. 새송이의 변이종인데 국내에서 개량되어 '머쉬마루'라는 상품명으로 유통된다.

생장주기가 짧으며, 생산량이 높고, 질이 좋아서 개발전망이 매우 높은 버섯이다. 국내에서는 충청남도 천안(뜰아채)에서 재배되어 '머쉬마루'라는 상품명으로 유통되며 최근 '아이버섯'이라는 상품도 개발되었다. 식용버섯 중에서 크기가 크고 버섯살이 부드럽고 송이의 맛과 향을 가지고 있어 식용가치가 높다.

새송이에 비해서는 수분 함량이 적고 단백질과 식이섬유, K, Mg 등 무기질이 많다. 수용성 비타민뿐만 아니라 지용성 비타민 함량도 많은데 특히 비타민 E, C, B_2의 함량이 많다. 아위버섯은 불포화 지방산인 리놀레산도 다소 높게 함유하고 있을 뿐 아니라 열수추출물과 유기용매 분획물의 항산화 효과, 혈전용해 효과, 트롬빈저해(혈전생성 억제) 등의 효과가 확인되고 있어 기능성 식재료로 활용 가능성을 가지고 있다.

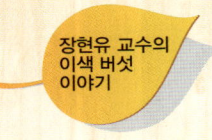

장현유 교수의 이색 버섯 이야기

아위나무에서 자라는 아위버섯
『머쉬마루』

머쉬마루(아위버섯)는 학명에서도 나타나듯이 새송이의 변종이다. 영명은 페룰라 오이스터 머쉬룸(Ferula Oyster Mushroom)으로, 해석하면 아위(阿魏)나무 느타리 버섯이다. 중국에서는 백령측이(白靈側耳)라고 부른다. 이와 아주 비슷한 '백아위고'는 네브로덴시스라는 변종으로 '백령고'라고도 불리며 영명으로 화이트 킹 오이스터 머쉬룸(White King Oyster Mushroom)이다. 즉 흰색의 새송이 버섯이다.

아위버섯은 1863년에 이탈리아 시칠리아 섬의 마도닉(Madonic) 산에서 처음 채취되었다는 유래가 있을 정도로 오래되었으나 인공 대량생산 체계는 최근에 확립되었다. 중국에서는 이 버섯을 이미 1983년부터 인공재배하기 시작하였으며 가격이 높게 형성되어 중국 사람들은 생산한 버섯의 대부분을 일본으로 수출하고 있다.

아위버섯의 기능성에 대하여「한국식품영양과학회지」의 보고에 의하면 유해산소를 없애는 항산화(抗酸化) 비타민인 비타민 C의 함량도 느타리, 새송이의 약 6배에 달한다고 한다. 유해산소 제거 기능은 35~36%로 높아서 항암, 노화, 심장병 등에 좋은 효과를 나타낼 수 있을 것으로 생각되어진다.

또 아위버섯 추출물이 사람의 뇌세포에서 만들어지는 아세틸콜린(뇌의 신경전달물질) 분해 효소의 억제 효과가 25~35%로 나타나 치매 예방 및 개선제로서의 가능성을 보이고 있다. 그러나 아위버섯은 3~8%의 포도당 흡수 억제를 나타내어 당뇨와 비만 억제에는 큰 효과를 보이지 않고, 위암과 대장암에 대한 항암 효과도 거의 나타나지 않았다고 보고되었다. 따라서 향후 아위버섯 추출물에서 나타나는 다양한 생리활성 효과를 이용하여 고부가가치의 다양한 기능성 제품이 가능할 것으로 판단된다.

요즘 시판 중인 치매치료제의 대부분은 뇌세포에서 아세틸콜린이 분해되는 것을 막아주는 약이다. 이 밖에 음주로 인해 간이 섬유화되는 것을 3~12% 억제함으로써 알코올성 간경화의 예방 효과도 기대된다고 보고되었다.

아위버섯은 다른 버섯에 비하여 버섯 자실체의 크기가 큰 편이다. 한 개체의 무게만 해도 보통 200g 정도인데 좀 큰 것은 생체로 0.5kg 정도까지 나간다. 따라서 버섯 살이 많아 요리하여 먹으면 고기 살보다 부드러워 맛이 일품이다.

아위버섯은 균사배양기간과 생육기간이 비교적 짧고 생산량도 새송이보다 높아 인공재배 전망이 매우 높은 버섯이다. 인공재배 방법은 아위나무의 재료가 아니더라도 우리나라에서 흔히 쓰고 있는 톱밥재료로도 재배가 가능하다.

한국농수산대학 버섯학과

머쉬마루의 기능성 및 효능에 관한 주요 논문 및 특허 자료

신규 천연 항노화 소재 및 버섯 신품종 개발
한국생명공학연구원 바이오의약연구소 화학생물연구센터
Journal of Antibiotics, 64(8): 587-589 (2011)

- 세계적 희귀종이며 인공재배가 어려워 대량생산이 불가능하였던 아위버섯을 개량하여 유전적, 형태적으로 특이한 신품종으로 개발한 Pleurotus eryngii var ferulae (아위느타리버섯, 상품명: 머쉬마루)로부터 인간호중구 엘라스타제(Human Neutrophil Elastase) 효소활성을 저해하는 신물질을 개발하여 항노화 소재로 활용

머쉬마루들깨탕

 재료준비와 만드는 법

1. 머쉬마루는 밑동을 잘라 끓는 물에 소금을 넣고 살짝 데친 후에 찬 물에 헹궈 물기를 짠 다음 굵게 찢는다.
2. 표고와 양송이는 밑동을 잘라 2~3등분한다.
3. 새송이는 0.5cm 두께로 어슷 썬다.
4. 냄비에 들기름을 두르고 버섯을 볶다가 물을 붓고 한소끔 끓인다.
5. 국물이 한소끔 끓어오르면 들깻가루를 넣고 센 불에서 끓이다가 국간장, 소금, 다진 마늘을 넣어 간을 맞춘다.
6. 완성된 들깨탕을 접시에 담고 위에 송송 썬 실파를 얹어 낸다.

구 분	조리 후 중량	적정배식온도	총열량	총가열시간	총조리시간	주요조리도구
초등학생	175g(1인분)	70~80℃	114kcal	20분	35분	냄비

- **재료 및 분량** : 머쉬마루 28g, 생표고 7g, 양송이 7g, 새송이 7g, 실파 2g, 들깻가루 14g, 들기름 3.5g, 국간장 5.4㎖, 다진 마늘 1.1g, 소금 0.7g, 물 140㎖

구 분	조리 후 중량	적정배식온도	총열량	총가열시간	총조리시간	주요조리도구
중·고등학생	250g(1인분)	70~80℃	167kcal	20분	35분	냄비

- **재료 및 분량** : 머쉬마루 40g, 생표고 10g, 양송이 10g, 새송이 10g, 실파 3g, 들깻가루 20g, 들기름 5g, 국간장 7.5㎖, 다진 마늘 1.5g, 소금 1g, 물 200㎖

mushroom story

머쉬마루콩나물겨자냉채

재료준비와 만드는 법

1. 콩나물은 머리와 꼬리를 제거하고 끓는 물에 소금을 넣고 살짝 데친 후에 냉장고에 넣어 차게 식힌다.
2. 머쉬마루는 밑동을 자르고 끓는 물에 소금을 넣고 살짝 데친 다음 가늘게 찢는다.
3. 양파는 가늘게 채 썰어 달군 팬에 기름을 두르고 살짝 볶는다.
4. 당근과 피망은 각각 5cm 길이로 채 썰어 팬에 기름을 두르고 살짝 볶는다.
5. 쇠고기는 5cm 길이로 채 썰어 간장, 설탕, 후춧가루, 참기름으로 간 하여 볶는다.
6. 분량의 재료를 섞어 겨자 소스를 만든다.
7. 큰 볼에 준비한 재료를 넣고 겨자 소스를 먹기 직전에 버무려 낸다.

> Note: 쇠고기는 채 썰기 번거로우면 다진 쇠고기를 사용해도 좋다. 콩나물은 다듬기 번거로우면 꼬리만 다듬어 깨끗이 씻은 후에 사용한다.

구 분	조리 후 중량	적정배식온도	총열량	총가열시간	총조리시간	주요조리도구
초등학생	50g(1인분)	4~10℃	99kcal	20분	60분	프라이팬

- **재료 및 분량** : 콩나물 21g, 머쉬마루 21g, 쇠고기 11g, 양파 7g, 피망 7g, 당근 3.5g, 식용유 1.8㎖, 소금 0.4g
- **쇠고기 양념** : 간장 1.4㎖, 설탕 0.7g, 참기름 0.7㎖, 후춧가루 0.1g
- **겨자 소스** : 설탕 7g, 식초 7㎖, 배즙 7㎖, 연겨자 2.5g, 다진 마늘 1g, 소금 0.7g

mushroom story

구 분	조리 후 중량	적정배식온도	총열량	총가열시간	총조리시간	주요조리도구
중·고등학생	70g(1인분)	4~10℃	131kcal	20분	60분	프라이팬

- **재료 및 분량** : 콩나물 30g, 머쉬마루 30g, 쇠고기 15g, 양파 10g, 피망 10g, 당근 5g, 식용유 2.5㎖, 소금 0.5g
- **쇠고기 양념** : 간장 2㎖, 설탕 1g. 참기름 1㎖, 후춧가루 0.1g
- **겨자 소스** : 설탕 10g, 식초 10㎖. 배즙 10㎖, 연겨자 3.5g, 다진 마늘 1.5g, 소금 1g

mushroom story

머쉬마루김무침

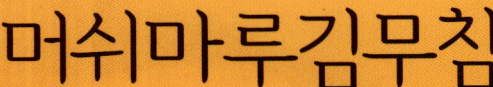

재료준비와 만드는 법

1. 머쉬마루는 밑동을 자른 후에 끓는 물에 소금을 넣고 살짝 데친 다음 찬물에 헹궈 물기를 꼭 짠다.
2. ①의 머쉬마루를 칼등으로 자근자근 두드려 부드럽게 한다.
3. 애호박은 반으로 잘라 0.3cm 두께로 썬 후에 달군 프라이팬에 참기름을 두르고 소금으로 간하여 볶는다.
4. 양파는 굵게 채 썰어 달군 프라이팬에 참기름을 두르고 소금으로 간하여 볶는다.
5. 김은 달군 팬에 앞뒤로 바삭하게 구운 후 비닐봉지에 넣어 잘게 부순다.
6. 큰 볼에 머쉬마루, 애호박, 양파를 담고 참기름, 국간장, 소금을 넣어 조물조물 무친 후에 부순 김을 넣어 맛을 더한다. 그릇에 담고 통깨를 뿌려 낸다.

구 분	조리 후 중량	적정배식온도	총열량	총가열시간	총조리시간	주요조리도구
초등학생	35g(1인분)	15~25℃	43kcal	15분	30분	냄비

• **재료 및 분량** : 머쉬마루 21g, 애호박 7g, 양파 7g, 마른 김 2g, 참기름 3.5㎖, 국간장 2㎖, 소금 0.4g, 통깨 0.4g

구 분	조리 후 중량	적정배식온도	총열량	총가열시간	총조리시간	주요조리도구
중·고등학생	50g(1인분)	15~25℃	65kcal	15분	30분	냄비

- **재료 및 분량** : 머쉬마루 30g, 애호박 10g, 양파 10g, 마른 김 3g, 참기름 5㎖, 국간장 3㎖, 소금 0.5g, 통깨 0.5g

mushroom story

머쉬마루굴소스덮밥

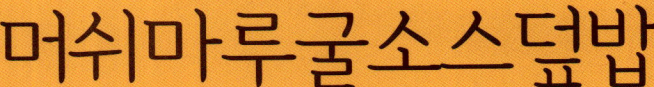

재료준비와 만드는 법

1. 머쉬마루는 깨끗이 씻은 후에 먹기 좋은 크기로 굵게 찢는다. 머쉬마루 길이가 너무 긴 것은 반으로 잘라준다.
2. 피망은 가늘게 채 썬다.
3. 양파와 대파는 굵게 채 썬다.
4. 달군 팬에 기름을 두르고 양파, 머쉬마루, 피망을 넣고 볶는다.
5. 재료가 어느 정도 익으면 굴소스, 간장, 고추기름, 물엿, 맛술, 후춧가루 등을 넣고 볶다가 물을 붓고 끓인다.
6. 국물이 한소끔 끓어오르면 대파와 물녹말을 넣고 잠깐 더 끓인 후에 국물이 걸쭉해지면 참기름과 통깨를 뿌리고 불을 끈다.
7. 그릇에 밥을 담고 머쉬마루굴소스를 얹어 낸다.

구 분	조리 후 중량	적정배식온도	총열량	총가열시간	총조리시간	주요조리도구
초등학생	280g(1인분)	65~70℃	270kcal	25분	50분	소스팬

- **재료 및 분량** : 머쉬마루 28g, 피망(청피망과 홍피망) 14g, 양파 14g, 대파 3.5g, 쌀밥 130g, 물 35㎖, 굴소스 7㎖, 간장 5㎖, 맛술 2㎖, 고추기름 1.4㎖, 물엿 1.4㎖, 참기름 1.4㎖, 통깨 0.4g, 후춧가루 0.1g, 물녹말 7㎖(물 7㎖, 녹말가루 7㎖), 식용유 2㎖

mushroom story

구 분	조리 후 중량	적정배식온도	총열량	총가열시간	총조리시간	주요조리도구
중·고등학생	400g(1인분)	65~70℃	378kcal	25분	50분	소스팬

• 재료 및 분량 : 머쉬마루 40g, 피망(청피망과 홍피망) 20g, 양파 20g, 대파 5g, 쌀밥 180g, 물 50㎖, 굴소스 10㎖, 간장 7.5㎖, 맛술 3㎖, 고추기름 2㎖, 물엿 2㎖, 참기름 2㎖, 통깨 0.5g, 후춧가루 0.1g, 물녹말 10㎖(물 10㎖, 녹말가루 10㎖), 식용유 3㎖

mushroom story

케이준머쉬마루치킨샐러드

 재료준비와 만드는 법

1. 닭가슴살은 얇고 길게 잘라 소금과 후춧가루로 20분 정도 밑간한다.
2. 머쉬마루는 밑동을 자른 후에 굵은 것을 반으로 자른다.
3. 양상추, 로메인, 치커리, 비타민 등 샐러드용 채소는 깨끗이 씻어 찬물에 담갔다가 체에 밭쳐 물기를 뺀다.
4. 방울토마토는 반으로 자르고, 블랙 올리브와 삶은 달걀은 동그랗게 썬다.
5. 큰 볼에 마요네즈를 제외한 허니머스타드 드레싱 재료를 넣고 거품기로 섞은 후에 마요네즈를 조금씩 넣어가며 섞어 준다.
6. 큰 볼에 밀가루, 고춧가루, 소금, 흰 후춧가루를 넣고 잘 섞어 튀김가루를 만든다.
7. 다른 볼에 ⑥의 튀김가루, 우유, 달걀을 넣고 혼합하여 튀김 반죽을 만든다.
8. 닭가슴살과 머쉬마루를 튀김가루, 튀김 반죽, 튀김가루 순서로 입혀 170℃ 기름에서 노릇하게 튀겨 낸다.
9. 접시에 샐러드용 채소를 담고 방울토마토, 올리브, 삶은 달걀 등을 접시 바깥쪽에 놓는다. 케이준프라이드치킨과 머쉬마루 튀긴 것을 샐러드 위에 얹고 허니머스타드 드레싱은 따로 담아낸다.

> Note: 허니머스타드 드레싱이나 튀김가루를 만들기 번거로우면 시중에 판매하고 있는 제품을 사용해도 좋다.

구 분	조리 후 중량	적정배식온도	총열량	총가열시간	총조리시간	주요조리도구
초등학생	70g(1인분)	4~10℃	266kcal	25분	50분	튀김솥

- **재료 및 분량** : 닭가슴살 17.5g, 머쉬마루 14g, 삶은 달걀 11g, 양상추 7g, 로메인 10g, 방울토마토 3.5g, 치커리 2.1g, 비타민 2.1g, 블랙 올리브 1.4g, 소금 0.4g, 후춧가루 0.1g, 식용유 35㎖
- **튀김가루** : 밀가루 90g, 고춧가루 2g, 소금 0.7g, 흰 후춧가루 0.3g
- **튀김 반죽** : 튀김가루 70g, 우유 70㎖, 달걀 11g
- **허니머스타드 드레싱** : 마요네즈 14㎖, 꿀 3.5㎖, 시럽 3.5㎖, 머스타드 2㎖, 고운 고춧가루 0.4g, 식초 1.1㎖

mushroom story

구 분	조리 후 중량	적정배식온도	총열량	총가열시간	총조리시간	주요조리도구
중·고등학생	100g(1인분)	4~10℃	379kcal	25분	50분	튀김솥

- **재료 및 분량** : 닭가슴살 25g, 머쉬마루 20g, 삶은 달걀 15g, 양상추 10g, 로메인 10g, 방울토마토 5g, 치커리 3g, 비타민 3g, 블랙 올리브 2g, 소금 0.5g, 후춧가루 0.1g, 식용유 50㎖
- **튀김가루** : 밀가루 130g, 고춧가루 3g, 소금 1g, 흰 후춧가루 0.4g
- **튀김 반죽** : 튀김가루 100g, 우유 100㎖, 달걀 15g
- **허니머스타드 드레싱** : 마요네즈 20㎖, 꿀 5㎖, 시럽 5㎖, 머스타드 3㎖, 고운 고춧가루 0.5g, 식초 1.5㎖

mushroom story

Part 9. 목이

■ **목이를 이용한 요리**

목이는 색이 검고 윤기가 있어 음식을 먹음직스럽게 부각시켜주고 아삭아삭 씹히는 식감이 좋아 잡채나 탕수육 등에 빼놓지 않고 사용하는 버섯이다. 볶음, 무침, 튀김, 탕, 수프, 피클, 장아찌, 고명 등에 적합하다.

■ **목이 손질법**

- 목이는 주로 말린 상태로 유통되므로 사용하기 1시간 정도 전에 미리 미지근한 물에 담가 충분히 불린 후 이용한다.
- 물에 담가 충분히 불린 버섯은 꼭지를 다듬고 원하는 크기로 잘라둔다.
- 약간의 소금을 넣고 빠닥빠닥 씻어서 사용한다.

■ **목이 보관법**

- 목이는 말린 상태로 서늘한 곳에 저장한다.
- 생것이나 불린 것을 보관할 때는 위생팩에 넣고 약간의 물을 넣어 냉동실에 보관한다.

목이

학 명 *Auricularia auricula-judae* (Bull.) Quél.
분 류 목이목 목이과 목이속
분 포 한국, 전 세계
서 식 봄부터 가을 사이에 활엽수의 고사목에 발생

　사람의 귀 모양을 닮았다고 하여 목이(木耳, 나무의 귀)라 하며, 조직은 젤라틴질로 이루어져 있다. 비를 맞거나 물에 젖으면 흐물흐물해져서 '흐르레기버섯'이라고도 불린다.
　부드럽고 쫄깃쫄깃한 식감이 좋아 잡채와 같은 중화요리에 많이 쓰이고 한방에서 적리(赤痢), 치질 등을 치료하는 약재로 쓰였다고 한다.
　목이는 비타민 D와 철분이 풍부하게 함유되어 골다공증 예방뿐 아니라 여성의 빈혈에 좋고, 목이의 식이섬유는 대장의 운동을 촉진시키기 때문에 변비와 대장암 예방, 다이어트에 매우 좋은 식품이다.
　항바이러스, 항염증, 항암 활성뿐 아니라 혈당강하와 혈소판 응집을 줄이는 효과가 있어 혈행 개선 기능도 기대되는 버섯이다.

mushroom story

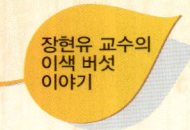

여성의 건강과 피부미용에 특효를 보이는
『목이』

목이는 한국, 중국, 일본 등 세계적으로 널리 분포하며 목이(A. auricula)와 털목이(A. polytricha), 흰목이(T. fuciformis) 등 세 종류가 있다. 버섯 모양이 사람의 귀와 닮았다고 지어진 이름으로 우리나라에서는 흐르레기, 일본에서는 해파리(水海) 또는 기꾸라께(キクラケ), 서구에서는 Ear mushroom, 중국에서는 목이 또는 검정귀버섯으로 불린다.

목이는 특유의 맛과 향이 있어서 씹는 촉감이 좋으며, 버섯이 변질되지 않고 건조가 잘 되어 보관이 쉽고 저장력이 강한 장점이 있다. 특히 식물섬유의 함량이 높아 전체 성분의 50%를 차지하는데, 이는 장내 노폐물 배설을 높여서 변비를 방지하는 것 외에도 혈중 콜레스테롤 저하 및 혈액정화 작용, 동맥경화 예방에 유효한 것으로 보고되어 있다. 최근에는 항종양 작용도 인정되어 암 예방에 유효한 식품으로서도 주목받고 있다.

또한 목이는 다른 버섯에 비해 단백질과 인, 철분이 많이 함유되어 빈혈 치료에 좋고, 하혈과 대하증을 치료하며, 월경을 순조롭게 하고, 노화방지와 주름살, 잡티, 검버섯 예방 등에 뛰어나 특히 여성을 위한 버섯이라고 해도 과언이 아니다. 목이에는 특유의 끈적끈적한 교질상 물질과 점액 같은 아교질 물질이 함유되어 있는데, 이 물질들에는 비타민 D 효과를 갖는 '에르고스테롤'이라는 성분이 다량 함유되어 있을 뿐만 아니라 이 물질들을 통하여 자양강장과 노화방지 작용을 촉진하는 것으로 알려졌다. 중화요리에서 단골 소재로 쓰이며, 탕수육 소스에서 미역처럼 흐물흐물한 것이 바로 목이인데, 의학적으로는 목이의 성분이 혈액을 적당히 응고시키는 작용을 함으로써 산모 또는 출혈이 심한 환자에게도 이용할 수 있다. 외국에서는 인체 내에 들어간 털 및 섬유 모양의 이물질을 제거하는 데 효과적이므로 광부 또는 방직공장 근로자들이 애용하는 것으로 알려져 있다. 중국에서는 예로부터 목이를 불로장수의 버섯으로 인식하고 있으며 지금도 즐겨 먹고 있다고 한다.

허준이 쓴《동의보감》에서는 '목이는 성질이 차고[寒, 또는 평(平)하다고도 함] 맛이 달며[甘] 독이 없다. 오장을 좋아지게 하고 장위에 독기가 몰린 것을 헤치며 혈열을 내리고 이질과 하혈하는 것을 멎게 하며 기를 보하고 몸이 가벼워지게 한다.'고 하였다. 민간요법에서는 목이 60g을 볶아 1컵을 잘 달여서 꾸준히 복용하면 건조하고 거친 피부가 한결 좋아진다고 하여 여성들에게 권장되고 있다. 또한 가만히 있어도 눈에서 눈물이 흐르는 눈병이 났을 때는 목이 40g을 태울 정도로 볶은 후에 목적이라는 약재 40g과 함께 가루를 내어 1회에 8g씩 쌀뜨물이나 물과 함께 복용하면 개선된다고 하였다. 치통이 있을 때에는 목이와 형개라는 약재를 같은 양씩 배합하여 끓여두었다가 가끔 마시거나 그 물로 수시로 양치질을 하면 더욱 효과가 좋다.

한국농수산대학 버섯학과

목이의 기능성 및 효능에 관한 주요 논문 및 특허 자료

Anti-inflammatory Activity of Dichloromethane Extract of Auricularia auricula-judae in RAW264.7 Cells
Dereje Damte Md. Ahsanur Reza Seung-Jin Lee Woo-Sik Jo Seung-Chun Park (Toxicological Research, Vol.27 No.1, [2011])
- 목이 추출물이 nitric oxide 생성을 억제하고, 염증 사이토카인인 IL-6, TNF-α and IL-1β 등의 mRNA의 발현을 감소시켜 항염증 효과

Comparative Antitumor Activity of Different Solvent Fractions from an Auricularia auricula-judae Ethanol Extract in P388D1 and Sarcoma 180 Cells
(Toxicological Research, Vol.27 No.2, [2011])
- 목이 추출물의 항암 활성 효과

Purified Auricularia auricular-judae polysaccharide (AAP I-a) prevents oxidative stress in an ageing mouse model
Hua Zhang, Zhen-Yu Wang, Zhi Zhang, Xue Wang (Carbohydrate Polymers Volume 84, Issue 1, 11 February 2011, Pages 638-648)
- 산화물인 malondialdehyde를 감소시키고, 항산화효소인 superoxide dismutase와 glutathione-s-transferase 활성을 높여 항산화 효과

Reductive effect off hot-water extracts from woody ear (Auricularia auricula-judae Quel.) on food intake and blood glucose concentration in genetically diabetic KK-Ay mice
(Journal of Nutritional Science and Vitaminology Volume 50, Issue 4, August 2004, Pages 300-304)
- 혈중 포도당 함량이 감소하여 목이 열수추출물의 혈당 강하 효과

The nontoxic mushroom Auricularia auricula contains a polysaccharide with anticoagulant activity mediated by antithrombin
(Thrombosis Research Volume 112, Issue 3, 2003, Pages 151-158)
- 목이 추출 다당체가 thrombin의 저해를 촉진하여 항응고 활성, 혈소판 응집 완화 효과

변비 개선용 건강 보조식품
등록번호 1004844280000 (20050412)
- 대장의 운동을 촉진시켜 변비의 예방 및 치유에 도움을 주는 효과

목이 버섯 유래 혈전 분해 효소의 발효 생산방법 및 그의 용도
출원번호(일자) 10-2011-0141180 (20111223)
- 피브린 및 피브리노겐 분해 활성을 이용해 혈행 개선용 건강식품으로 이용

목이버섯당근볶음

재료준비와 만드는 법

1. 불린 목이는 밑동을 잘라 한 잎씩 뗀 후 끓는 물에 소금을 넣고 데쳐 물기를 뺀다.
2. 당근은 중간 굵기로 준비하여 껍질을 벗기고 얇게 어슷 썬다.
3. 생강은 편으로 얇게 썰어 곱게 채 썰고, 대파는 둥근 상태로 곱게 썬다.
4. 얇게 썬 당근을 튀김기름(50℃)에 수분이 증발하도록 튀겨 건져서 기름기를 뺀다.
5. 팬을 달구어 식용유와 대파, 생강을 넣고 향을 낸 다음 목이를 넣고 볶으면서 청주, 간장, 식초, 설탕, 육수를 넣고 약한 불에서 5분 정도 촉촉하게 볶다가 튀긴 당근을 넣고 잠시 더 볶는다.

구 분	조리 후 중량	적정배식온도	총열량	총가열시간	총조리시간	주요조리도구
초등학생	39g(1인분)	40~60℃	253kcal	20분	30분	프라이팬

- **재료 및 분량** : 목이(불린 것) 35g, 당근 17.5g, 대파 5.6g, 생강 1.1g, 식용유 7.9㎖, 청주 4.9㎖, 간장 7㎖, 식초 2.5㎖, 육수 70㎖, 설탕 14g, 튀김유 35㎖

mushroom story

구 분	조리 후 중량	적정배식온도	총열량	총가열시간	총조리시간	주요조리도구
중·고등학생	55g(1인분)	40~60℃	362kcal	20분	30분	프라이팬

- **재료 및 분량** : 목이(불린 것) 50g, 당근 25g, 대파 8g, 생강 1.5g, 식용유 11.3㎖, 청주 7㎖, 간장 10㎖, 식초 3.5㎖, 육수 100㎖, 설탕 20g, 튀김유 50㎖

mushroom story

목이버섯볶음

재료준비와 만드는 법

1. 목이는 한 잎씩 뜯어 끓는 물에 소금을 넣어 데친다.
2. 표고와 양파, 피망, 홍고추, 대파는 5cm 길이로 채 썰고, 마늘과 생강은 곱게 다진다.
3. 돼지고기도 채소와 같은 길이로 채 썬 다음 달걀 흰자와 물녹말을 섞는다.
4. 팬에 튀김유를 넣고 달군(80~100℃) 후 ③의 돼지고기를 넣고 살짝 익혀 기름을 뺀다.
5. 팬에 식용유를 두르고 생강, 마늘, 대파를 넣고 향을 낸 뒤 양파, 표고, 목이를 넣고 볶으면서 청주, 간장, 소금, 후추로 간하고 피망, 홍고추, ④의 돼지고기, 육수 순으로 넣으며 센 불에서 볶은 후 참기름을 넣는다.

Note: 육수는 쇠고기나 닭고기, 다시마, 야채 육수 중 어느 것이나 사용 가능하다.

구 분	조리 후 중량	적정배식온도	총열량	총가열시간	총조리시간	주요조리도구
초등학생	42g(1인분)	40~60℃	127kcal	15분	30분	프라이팬

• **재료 및 분량** : 목이(불린 것) 12.6g, 표고 5.3g, 피망 12g, 홍고추 1.1g, 양파 10.5g, 대파 1.4g, 마늘 1.4g, 생강 0.07g, 돼지고기 11.9g, 달걀 흰자 3.5g, 물녹말 0.7㎖, 식용유 5.3㎖, 청주 2.5㎖, 간장 1.4㎖, 소금 0.7g, 후추 0.07g, 육수 5.3㎖, 참기름 0.07㎖, 튀김유 42㎖

mushroom story

구 분	조리 후 중량	적정배식온도	총열량	총가열시간	총조리시간	주요조리도구
중·고등학생	60g(1인분)	40~60℃	181kcal	15분	30분	프라이팬

- 재료 및 분량 : 목이(불린 것) 18g, 표고 7.5g, 피망 17g, 홍고추 1.5g, 양파 15g, 대파 2g, 마늘 2g, 생강 0.1g, 돼지고기 17g, 달걀 흰자 5g, 물녹말 1㎖, 식용유 7.5㎖, 청주 3.5㎖, 간장 2㎖, 소금 1g, 후추 0.1g, 육수 7.5㎖, 참기름 0.1㎖, 튀김유 60㎖

mushroom story

칠리소스로 맛을 낸 목이버섯튀김

 ### 재료준비와 만드는 법

1. 불린 목이는 한 잎씩 떼어 깨끗이 씻은 후 물기를 완전히 말린다.
2. 대파는 잘게 썰고, 마늘과 생강은 곱게 다진다.
3. 목이에 녹말가루와 달걀을 묻혀서 튀김유(180℃)에 바삭하게 튀긴다.
4. 〈소스〉팬에 고추기름을 두르고 ②의 대파, 마늘, 생강을 넣고 잠시 볶아 향을 낸 다음 청주, 두반장을 넣고 볶으면서 나머지 재료를 넣고 끓인 후 물녹말을 풀어 농도를 맞춘다.
5. ④의 소스에 ③의 튀긴 목이를 넣고 재빠르게 섞어 접시에 담는다.

 데친 목이는 물기를 완전히 말려야 튀길 때 기름이 튀지 않는다.

구 분	조리 후 중량	적정배식온도	총열량	총가열시간	총조리시간	주요조리도구
초등학생	89g(1인분)	40~60℃	257kcal	25분	30분	프라이팬

- **재료 및 분량** : 목이(불린 것) 42g, 녹말가루 16.1g, 달걀 7g, 튀김유 42㎖
- **소 스** : 대파 2.8g, 마늘 3.5g, 생강 0.2g, 고추기름 9.1㎖, 청주 3.5㎖, 두반장 1.4g, 토마토케첩 21g, 설탕 8.4g, 후추 0.1g, 물 35㎖, 물녹말 2.1㎖

mushroom story

구 분	조리 후 중량	적정배식온도	총열량	총가열시간	총조리시간	주요조리도구
중·고등학생	127g(1인분)	40~60℃	367kcal	25분	30분	프라이팬

- **재료 및 분량** : 목이(불린 것) 60g, 녹말가루 23g, 달걀 10g, 튀김유 60㎖
- **소 스** : 대파 4g, 마늘 5g, 생강 0.3g, 고추기름 13㎖, 청주 5㎖, 두반장 2g, 토마토케첩 30g, 설탕 12g, 후추 0.2g, 물 50㎖, 물녹말 3㎖

mushroom story

Part 10. 잎새버섯

■ **잎새버섯을 이용한 요리**

잎새버섯은 미역국, 전골, 찌개, 버섯밥, 야채 볶음 등에 활용할 수 있다. 단 기름과 함께 섭취하면 잎새버섯의 베타 글루칸 성분인 MD-프랙션의 흡수율이 낮아진다는 연구가 있으므로 주의한다. 잎새버섯은 건조시켜 버섯차로 활용하여도 좋다.

■ **잎새버섯 손질법**

- 흐르는 물에 가볍게 씻은 후 물기를 제거하고 조리에 사용하되 수분을 잘 흡수하므로 주의한다.

■ **잎새버섯 보관법**

- 사용하고 남은 잎새버섯은 버섯 구매 시 담겼던 포장용기에 담거나 키친타월에 싸서 냉장보관한다. 잎새버섯은 살아 있는 동안에는 자기 융해를 하기 때문에 저온에 보관하고 얼리면 MD-프랙션의 화학구조가 바뀌어 활성이 저하될 수 있으므로 가능하면 신선할 때 먹는 것이 바람직하다.

잎새버섯

- **학 명** *Grifola frondosa* (Dicks.) Gray
- **분 류** 구멍장이버섯목 왕잎새버섯과 잎새버섯속
- **분 포** 한국, 일본, 중국 등 북반구 온대 이북에 주로 분포
- **서 식** 물참나무, 떡갈나무, 밤나무, 너도밤나무 등 활엽수의 말라죽은 나무에서 매년 여름부터 늦가을에 자연 발생

잎새버섯은 형태적으로 버섯갓에 주름살이 없는 것이 느타리 등 다른 버섯과 다른 점인데 은행잎처럼 생긴 갓들이 여러 겹으로 자실체를 형성하며 은은한 향이 난다. 잎새버섯은 식용버섯이면서 약리작용이 뛰어난 기능성 버섯으로 인체의 면역 기능을 활성화시키기 때문에 기존의 항암제와 병행 시 부작용을 줄이면서 효과적으로 암세포를 억제한다고 여겨진다.

잎새버섯의 베타 글루칸은 항암활성은 물론 면역에 관여하는 NK세포나 대식세포의 활성도 함께 상승시키고, 열수추출물은 동물실험에서 인슐린에 대한 민감성 효과를 높여 혈당을 내리는 효과가 있는 것으로 보고되었다. 이 밖에도 잎새버섯에는 베타 글루칸이 풍부하게 함유되어 있어 당뇨병·비만(다이어트) 치료, 콜레스테롤 감소, 이뇨, 강장, 항빈혈 등의 효능이 있다고 하며 현재 일본을 필두로 세계적으로 연구가 진행되고 있는 버섯 중의 하나이다.

세계적으로 마이다케로 더 잘 알려질 정도로 일본이 주 소비국인데 건강식품으로 개발되어 오래전부터 건강보조제로 이용되고 있다.

mushroom story

장현유 교수의 이색 버섯 이야기
'마지막 잎새'처럼 희망을 준다는
『잎새버섯』

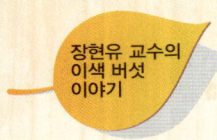

　잎새버섯의 잎새는 잎사귀의 충청도 방언이기도 하다. '잎새' 하면 오 헨리의 단편소설 〈마지막 잎새〉가 떠오른다. 주인공 존시는 폐렴에 걸리자 모든 희망을 잃고 창문 밖의 마지막 잎새가 떨어지는 순간 자기도 죽을 것이라고 생각한다. 존시의 친구 수우는 아래층에 사는 친절한 노화가(老畵家) 베어먼에게 존시의 이야기를 해준다.
　다음날 아침, 수우가 창문의 커튼을 올려보니 밤새도록 세찬 비와 사나운 바람이 불었는데도 불구하고 벽돌 담벽에 담쟁이 잎새 하나가 그대로 남아 있었다. 마지막 잎새가 떨어지지 않은 것을 보고 존시는 희망을 얻게 된다. 사실 베어먼 노인이 찬비가 내리던 그날 밤, 존시에게 삶의 희망을 주려고 벽에 잎새 하나를 그려 진짜 나뭇잎처럼 보이게 했던 것이다.
　사람이 인생을 살아감에 있어 누구나 한번쯤은 좌절하거나 포기하고 싶은 절망적인 상황에 처하는 경우가 있을 것이다. 이러한 경우에 그 상황을 극복하는 사람이 있는가 하면 극복하지 못하고 삶의 끈을 놓아버리는 사람도 있다. 인생이라는 것이 항상 좋은 일만 있고 행복한 일만 있다면 좋겠지만 결코 그러한 상황을 인생은 허락하지 않는 듯하다.
　잎새버섯은 형태적으로 버섯갓에 주름살이 없는 것이 느타리 등 다른 버섯과 다른 점이다. 잎새버섯은 물참나무, 떡갈나무, 밤나무, 너도밤나무 등 활엽수의 말라죽은 나무에서 매년 여름부터 늦가을에 자연 발생하는 버섯이나 근래에 인공재배 방법이 개발되었다. 인공재배할 때 다른 버섯과 크게 다른 점은 버섯이 자라는 배지의 산도(pH)를 강산성 쪽으로 조절해 주어야 한다. 한국, 일본, 중국 등 북반구 온대 이북에 주로 분포한다. 향기가 좋은 식용버섯이나 북아메리카에서는 위장 장애를 가져온다는 연구 보고가 있었다.
　건조한 잎새버섯은 찻가루, 추출물 가루, 드링크, 과립 등으로 가공되어 건강식품으로 이용되고 있다. 식품 및 약용 가치로 일반성분은 수분이 생 중량의 91%를 차지하고 단백질과 탄수화물이 주성분이다. 섬유질, 비타민 B_1과 B_2를 포함하고 있으며 에르고스테롤(프로비타민 D)도 존재한다. 잎새버섯은 송이보다도 단백질과 비타민이 많은 고급 버섯이다.
　항암작용, 혈압강하, 당뇨병·비만(다이어트) 치료, 혈중 콜레스테롤 감소, 항균작용, 이뇨작용, 강장작용, 항빈혈작용 등에 효능이 있다고 하며 현재 일본을 필두로 세계적으로 연구가 진행되고 있는 버섯 중의 하나이다.

한국농수산대학 버섯학과

mushroom story

잎새버섯의 기능성 및 효능에 관한 주요 논문 및 특허 자료

Optimum Extraction Conditions and Anticancer Effect of Functional Polysaccharide from Mycelia of Grifola frondosa
한국식품영양학회지(The Korean journal of food and nutrition) v.25 no.1 : (2012) : pp.181-187
- 잎새버섯(Grifola frondosa) 균사체의 기능성 다당류 최적 추출방법 및 항암효과

잎새버섯(Grifola frondosa)의 자실체에서 추출한 조다당류의 면역증강 및 항암효과
김정화, 차윤정, 심미자, 한국균학회지(The Korean journal of mycology), v.39 no.1 : pp.68-77 : (2011) : 0253-651x

잎새버섯 다당체를 함유하는 피부 외용제 조성물 및 이의 제조 방법
한국공개특허, (주)아모레퍼시픽, 10-2012-0039216 (20120416)

STZ 및 고지방식이에 의해 유도된 흰쥐의 고혈당 및 고지혈에 대한 함박잎새버섯 분말의 효능
이순이, 박영철, 김종봉, 생명과학회지(Journal of life science) v.17 no.10 = no.90, pp.1387-1393 : (2007) : 1225-9918

잎새버섯 추출물의 생리 기능 및 음료 제조
이재성, 이종숙, 한국식품영양과학회지(Journal of the Korean society of food science and nutrition), v.36 no.10, pp.1241

3T3-L1지방세포 및 제2형 당뇨모델에서 잎새버섯(Grifola frondosa) 조다당체 추출물의 항당뇨 효과
박금주, 오영주, 이상윤, 한국식품과학회지, v.39 no.3 = no.193, pp.330-335 : (2007) : 0367-6293

잎새버섯이 생산하는 세포 외 다당체의 보습력과 자극완화 효과
이범천, 김진화, 배준태, 大韓化粧品學會誌(Journal of the society of cosmetic scientists of Korea), v.31 no.1 = no.49, pp.35-41 : (2005) : 1226-2587

잎새버섯들깨미역국

 ### 재료준비와 만드는 법

1. 미역은 찬물에 불려서 바락바락 주물러 씻은 다음 먹기 좋은 크기로 뜯어 놓는다.
2. 잎새버섯은 밑동을 자른 후에 깨끗이 씻는다.
3. 냄비에 미역을 넣고 들기름과 국간장으로 볶다가 들깻가루를 넣고 볶는다.
4. 미역이 녹색으로 변하면 분량의 쌀뜨물을 넣고 끓인다.
5. 국물이 끓어오르면 잎새버섯과 다진 마늘을 넣고 약한 불에서 20분 정도 끓인다. 간을 보아 싱거우면 소금으로 간을 맞춘다.

구 분	조리 후 중량	적정배식온도	총열량	총가열시간	총조리시간	주요조리도구
초등학생	175g(1인분)	65~80℃	55kcal	30분	50분	냄비

- **재료 및 분량** : 건미역 3.5g, 잎새버섯 20g, 쌀뜨물 210㎖, 들깻가루 1.8g, 다진 마늘 1g, 국간장 2.5㎖, 들기름 1.8㎖, 소금 0.7g

구 분	조리 후 중량	적정배식온도	총열량	총가열시간	총조리시간	주요조리도구
중·고등학생	250g(1인분)	65~80℃	70kcal	30분	50분	냄비

- **재료 및 분량** : 건미역 5g, 잎새버섯 30g, 쌀뜨물 300㎖, 들깻가루 2.5g, 다진 마늘 1.5g, 국간장 3.5㎖, 들기름 2.5㎖, 소금 1g

mushroom story

잎새버섯애호박초나물

재료준비와 만드는 법

1. 애호박은 반으로 자른다.
2. 잎새버섯은 밑동을 자른 후에 굵게 찢는다.
3. 분량의 재료를 섞어 양념장을 만든다.
4. 김이 오른 찜기에 호박과 잎새버섯을 넣고 7분 정도 찐 다음 꺼내어 식힌다.
5. 호박을 0.5cm 두께로 반달썰기를 한 후에 잎새버섯과 양념장을 넣고 가볍게 버무려 낸다.

구 분	조리 후 중량	적정배식온도	총열량	총가열시간	총조리시간	주요조리도구
초등학생	35g(1인분)	15~25℃	31kcal	7분	20분	찜기, 스텐볼

- **재료 및 분량 :** 애호박 20g, 잎새버섯 15g
- **양념장 :** 진간장 3.5㎖, 식초 2㎖, 설탕 1.4g, 다진 파 1.4g, 참기름 1㎖, 다진 홍고추 1g, 다진 풋고추 1g, 다진 마늘 0.7g, 깨소금 0.4g

mushroom story

구 분	조리 후 중량	적정배식온도	총열량	총가열시간	총조리시간	주요조리도구
중·고등학생	50g(1인분)	15~25℃	46kcal	7분	20분	찜기, 스텐볼

- **재료 및 분량** : 애호박 30g, 잎새버섯 20g
- **양념장** : 진간장 5㎖, 식초 3㎖, 설탕 2g, 다진 파 2g, 참기름 1.5㎖, 다진 홍고추 1.5g, 다진 풋고추 1.5g, 다진 마늘 1g, 깨소금 0.5g

mushroom story

잎새버섯미역줄기볶음

재료준비와 만드는 법

1. 미역줄기는 찬물에 30분 정도 담가 소금기를 제거한다. 끓는 물에 미역줄기를 데친 후에 찬물에 헹궈 물기를 꼭 짠 다음 먹기 좋은 크기로 썬다.
2. 잎새버섯은 밑동을 자른 후에 가늘게 찢는다.
3. 양파는 가늘게 채 썬다.
4. 홍고추는 반으로 갈라 씨를 제거한 후에 가늘게 채 썬다.
5. 달군 프라이팬에 기름을 두르고 미역줄기를 볶다가 잎새버섯, 양파, 홍고추를 넣고 볶는다.
6. 재료가 어느 정도 익으면 간장, 파, 마늘, 참기름을 넣고 볶다가 불을 끄고 통깨를 뿌려 낸다.

구 분	조리 후 중량	적정배식온도	총열량	총가열시간	총조리시간	주요조리도구
초등학생	35g(1인분)	40~60℃	36kcal	15분	45분	프라이팬

- **재료 및 분량** : 미역줄기 20g, 잎새버섯 14g, 양파 7g, 홍고추 3.5g, 다진 파 2g, 다진 마늘 1g, 간장 3.5㎖, 참기름 1.8㎖, 통깨 0.7g

mushroom story

구 분	조리 후 중량	적정배식온도	총열량	총가열시간	총조리시간	주요조리도구
중·고등학생	50g(1인분)	40~60℃	51kcal	15분	45분	프라이팬

- 재료 및 분량 : 미역줄기 30g, 잎새버섯 20g, 양파 10g, 홍고추 5g, 다진 파 3g, 다진 마늘 1.5g, 간장 5㎖, 참기름 2.5㎖, 통깨 1g

mushroom story

잎새버섯들깨소스냉채

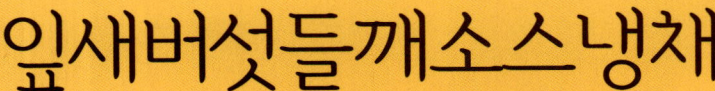

재료준비와 만드는 법

1. 잎새버섯은 밑동을 자른 후에 먹기 좋은 크기로 찢는다.
2. 팽이는 밑동을 자른 후에 깨끗이 씻는다.
3. 잎새버섯과 팽이를 각각 끓는 물에 소금을 넣고 살짝 데친다.
4. 고추는 반으로 갈라 씨를 제거한 후에 곱게 채 썬다.
5. 양파는 가늘게 채 썬다.
6. 분량의 재료를 섞어 들깨 소스를 만든다.
7. 달군 프라이팬에 고추와 양파를 각각 살짝 볶은 후에 식힌다.
8. 큰 볼에 각각의 재료를 섞어 먹기 직전에 들깨 소스를 버무려 낸다.

구 분	조리 후 중량	적정배식온도	총열량	총가열시간	총조리시간	주요조리도구
초등학생	35g(1인분)	4~10℃	33kcal	10분	25분	프라이팬

- 재료 및 분량 : 잎새버섯 21g, 팽이 7g, 적양파 7g, 홍고추 3.5g, 풋고추 3.5g, 식용유 1.4㎖, 소금 0.7g
- 들깨 소스 : 들깻가루 2g, 식초 1.8㎖, 연유 1.4㎖, 연겨자 1.4g, 물 1㎖, 설탕 0.7g

구 분	조리 후 중량	적정배식온도	총열량	총가열시간	총조리시간	주요조리도구
중·고등학생	50g(1인분)	4~10℃	57kcal	10분	25분	프라이팬

- 재료 및 분량 : 잎새버섯 30g, 팽이 10g, 적양파 10g, 홍고추 5g, 풋고추 5g, 식용유 2㎖, 소금 1g
- 들깨 소스 : 들깻가루 3g, 식초 2.5㎖, 연유 2㎖, 연겨자 2g, 물 1.5㎖, 설탕 1g

mushroom story

Part 11. 참송이

■ 참송이를 이용한 요리

참송이는 표고를 개량하여 송이 모양으로 육종한 신품종으로 표고의 한 종류이지만 갓이 벌어지지 않아 주름이 없으며 송이 향이 강한 특성이 있다. 생식이 가능한 버섯으로 샐러드에 활용 가능하며 무침, 잡채, 너비아니 등의 요리에도 잘 어울리는 버섯이다.

■ 참송이 손질법

- 흐르는 물에 가볍게 씻은 후 물기를 제거하고 조리에 사용한다.

■ 참송이 보관법

- 참송이는 수분 손실을 막아주는 표피가 얇은 특성이 있으므로 보관기간을 길지 않게 하고, 사용하고 남은 버섯은 버섯 구매 시 담겼던 포장용기에 담거나 키친타월에 싸서 냉장보관한다.

참송이

학 명 *Lentinula edodes* (Berk.) Pegler
분 류 주름버섯목 낙엽버섯과 표고속
분 포 한국·일본·중국·타이완
서 식 표고는 가을에 참나무류·밤나무·서어나무 등 활엽수에 발생하고, 참송이는 표고의 한 종류로 톱밥 배지를 이용해 연중 생산

참송이는 주름버섯목에 속하지만 버섯갓이 퇴화되어 벌어지지 않아 주름살이 없다. 참송이는 표고의 변종으로, 송이와 표고의 중간 형태를 지니고 있으며 참송이는 상품명이다.

자연산 송이와 거의 차이를 못 느낄 정도로 향과 모양이 송이와 비슷하다. 맛과 모양, 육질 등에 있어서는 송이(松栮)의 옷을 입은 식용버섯이다.

참송이는 면역력을 증강시키는 렌티난의 원료인 베타 글루칸을 26.2% 함유한 것으로 밝혀져 약용버섯(Medicinal Mushroom)이라고도 할 수 있다.

생버섯을 찢어서 소금기름장에 찍어 꼭꼭 씹으면 입안의 버섯향이 온종일 지속된다. 또한 참송이를 잘게 찢어 파프리카, 브로콜리 등 야채를 살짝 소금에 간하여 볶은 후 피자치즈를 듬뿍 얹어 먹으면 그 맛이 환상적이다.

mushroom story

장현유 교수의 이색 버섯 이야기

한번 입에 넣으면 버섯향이 온종일 은은한
『참송이』

참송이는 송이의 옷을 입은 표고의 변종으로서 상표명이다. 참송이의 모양은 송이와 표고의 중간 형태를 지니고 있다. 참송이는 학문적 분류학상 표고에 속하는 주름버섯목에 속한다. 대부분의 주름버섯은 버섯갓 뒷면에 주름살이 보이는데 참송이는 주름버섯목에 속하지만 버섯갓이 퇴화되어 벌어지지 않아 주름살이 없다. 주름버섯목에 속하는 송이나 표고, 느타리는 버섯 주름살에 버섯의 씨앗인 포자가 들어있는데 참송이는 주름살이 없기 때문에 포자도 없다. 포자가 없기 때문에 품종을 개량하는 방법도 포자로 교배하여 육종하는 방법은 사용할 수가 없다.

참송이는 경기도 연천에 소재한 모 농업회사에서 개발이 시작되어 버섯 인공재배 방법이 확립되었다. 참송이는 15~25℃ 사이에서 생장하는 중온성 버섯으로서 재배버섯 중에서 가장 긴 균사배양 기간인 4개월을 거쳐야 버섯으로 자란다. 좋은 참송이를 고르는 요령은 당일 바로 수확한 버섯을 선택하는 것이 좋고, 갓의 길이가 7cm 이상, 직경이 3cm 이상인 것이 좋다. 이렇게 갓의 길이와 직경이 큰 것이 보기에도 좋을 뿐 아니라 신선하고 맛이 있으며 육질이 좋고 씹히는 맛도 탁월하다.

(주)하나바이오텍이 참송이를 일본식품분석센터에 의뢰하여 성분을 분석한 결과, 버섯 100g 중에 면역력을 증강시키는 렌티난의 원료인 베타 글루칸이 26.2%나 함유된 것으로 밝혀져 약용버섯(Medicinal Mushroom)이라고도 할 수 있다. 참송이는 분류학상 표고이기 때문에 표고에 들어 있는 렌티난(letinan)도 함유하고 있다. 조미료 회사로 유명한 일본 아지노모토사(社)는 이미 20여 년 전에 표고에서 베타 글루칸이라는 항암 면역성분을 추출하여 렌티난이라는 항암제를 개발하였고 병원에서 처방되고 있다. 이 렌티난은 국내 유명 제약회사에서도 제조, 판매하고 있다.

참송이는 버섯 중에서 향이 가장 좋은 버섯이라고 해야 할 것이다. 참송이를 살짝 말려서 아이들과 당뇨 환자의 간식, 맥주 안주로 만들어 먹으면 효과 만점이다. 또한 바짝 말린 것을 한줌 넣어 송이차를 만들어 물 대신 꾸준히 마시면 건강에 아주 좋다.

한국농수산대학 버섯학과

참송이의 기능성 및 효능에 관한 주요 논문 및 특허 자료

참송이 유래 변성 베타 글루칸을 함유하는 항암용 식품 조성물 또는 약학조성물
(Food composition or pharmaceutical composition for anti-cancer comprising modified beta-glucan from Chamsong-I mushoom)
한국공개특허 | 한양대학교 산학협력단
출원번호(일자): 10-2011-0109107 (20111025)
공개번호(일자): 10-2013-0044829 (20130503)
- 본 발명은 참송이 유래 베타 글루칸을 β-(1-6)-글루카네이즈[β-(1-6)-glucanase]로 가수분해하여 변성 베타 글루칸을 유효성분으로 함유하는 것을 특징으로 하는 항암 또는 면역기능 증진용 식품 조성물과 암 질환 치료용 약학 조성물을 개시

참송이 유래의 수용성 베타 글루칸을 이용하여 참송이 와인을 제조하는 방법
(Method for production of Chamsong-i mushroom wine with soluble β-glucan from Chamsong-i mushroom)
한국등록특허 | 한양대학교 산학협력단:세종대학교산학협력단
출원번호(일자): 10-2011-0036991 (20110420)
공개번호(일자): 10-2012-0119185 (20121030)
등록번호(일자): 10-1297727-0000 (20130812)
- 참송이 유래의 수용성 베타 글루칸을 첨가하여 참송이 와인을 제조하는 방법에 관한 것으로, 상품성이 우수하고, 영양학적으로도 바람직한 참송이 와인 제조

참송이유자소스냉채

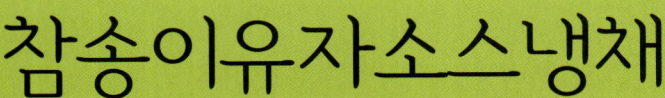

 재료준비와 만드는 법

1. 참송이는 마른 수건으로 지저분한 부분을 닦아준 후에 결대로 가늘게 찢어준다. 참송이에 버섯 양념으로 밑간한 후에 프라이팬에 기름 없이 굽는다.
2. 팽이는 밑동을 잘라 흐르는 물에 깨끗이 씻은 후에 체에 밭쳐 물기를 뺀 다음 반으로 자른다.
3. 쇠고기를 먹기 좋은 크기로 썰어 쇠고기 양념에 10분간 재운 후에 굽는다.
4. 적양파는 얇게 채 썬다.
5. 죽순은 모양을 살려 얇게 썬다.
6. 밤은 얇게 편으로 썬다.
7. 대추는 돌려 깎아 씨를 제거한 후에 가늘게 채 썬다.
8. 분량의 재료를 섞어 연겨자 유자 소스를 만든다.
9. 큰 볼에 준비한 재료를 모두 넣고 연겨자 유자 소스에 버무려 낸다.

구 분	조리 후 중량	적정배식온도	총열량	총가열시간	총조리시간	주요조리도구
초등학생	50g(1인분)	15~25℃	122kcal	20분	50분	프라이팬, 찜기

- **재료 및 분량** : 참송이 14g, 팽이 11g, 쇠고기(불고기감) 11g, 적양파 7g, 죽순 4g, 깐 밤 2g, 대추 1.4g
- **버섯 밑간 양념** : 참기름 1.8㎖, 소금 0.4g, 흰 후춧가루 0.1g
- **쇠고기 양념** : 맛술 1㎖, 참기름 0.4㎖, 후춧가루 0.1g
- **연겨자 유자 소스** : 식초 7.4㎖, 연겨자 6.3㎖, 잣가루 6.3g, 유자청 5.3㎖, 올리고당 2㎖, 다진 마늘 2g, 소금 1g

구 분	조리 후 중량	적정배식온도	총열량	총가열시간	총조리시간	주요조리도구
중·고등학생	70g(1인분)	15~25℃	163kcal	20분	40분	프라이팬, 찜기

- **재료 및 분량** : 참송이 20g, 팽이 15g, 쇠고기(불고기감) 15g, 적양파 10g, 죽순 5g, 깐 밤 3g, 대추 2g
- **버섯 밑간 양념** : 참기름 2.5㎖, 소금 0.5g, 흰 후춧가루 0.1g
- **쇠고기 양념** : 맛술 1.5㎖, 참기름 0.5㎖, 후춧가루 0.1g
- **연겨자 유자 소스** : 식초 10.5㎖, 연겨자 9㎖, 잣가루 9g, 유자청 7.5㎖, 올리고당 3㎖, 다진 마늘 3g, 소금 1.5g

mushroom story

참송이오이초무침

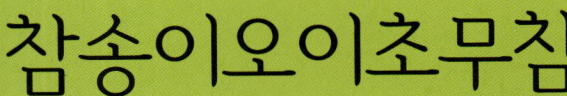

 재료준비와 만드는 법

1. 참송이는 마른 수건으로 지저분한 부분을 닦아준 후 먹기 좋은 크기로 썬다.
2. 달군 프라이팬에 기름을 두르지 않고 참송이를 굽는다.
3. 오이는 어슷 썰어 소금에 10분 정도 절인 후에 면보에 싸서 물기를 가볍게 짠다.
4. 분량의 재료를 섞어 초양념을 만든다.
5. 먹기 직전에 버섯과 오이를 양념에 무쳐 통깨를 고루 뿌려 낸다.

구 분	조리 후 중량	적정배식온도	총열량	총가열시간	총조리시간	주요조리도구
초등학생	35g(1인분)	15~25℃	27kcal	5분	20분	프라이팬

- **재료 및 분량** : 참송이 20g, 오이 14g, 통깨 0.7g
- **초양념** : 고추장 2.5g, 식초 1.8㎖, 올리고당 1.4㎖, 고춧가루 1g, 설탕 1g, 간장 0.7㎖

mushroom story

구 분	조리 후 중량	적정배식온도	총열량	총가열시간	총조리시간	주요조리도구
중·고등학생	50g(1인분)	15~25℃	39kcal	5분	20분	프라이팬

- **재료 및 분량** : 참송이 30g, 오이 20g, 통깨 1g
- **초양념** : 고추장 3.5g, 식초 2.5㎖, 올리고당 2㎖, 고춧가루 1.5g, 설탕 1.5g, 간장 1㎖

mushroom story

참송이너비아니구이

 재료준비와 만드는 법

1. 참송이는 마른 수건으로 지저분한 부분을 닦아준 후에 도톰하게 편으로 썬다.
2. 쇠고기는 키친타월로 핏물을 닦아낸 다음 힘줄이나 기름기를 제거한다. 쇠고기를 5×10cm 크기로 도톰하게 저며 썬 후에 군데군데 칼집을 넣어 부드럽게 한다.
3. 분량의 재료를 섞어 고기 양념을 만든다.
4. 쇠고기를 한 장씩 ③의 고기 양념에 앞뒤로 고루 적셔 간이 배도록 30분 이상 재둔다.
5. 뜨겁게 달군 석쇠나 프라이팬에 참기름을 살짝 두르고 참송이를 구운 후에 쇠고기를 굽는다.
6. 그릇에 쇠고기를 담고 사이사이에 참송이를 얹어 잣가루를 뿌려 낸다.

구 분	조리 후 중량	적정배식온도	총열량	총가열시간	총조리시간	주요조리도구
초등학생	85g(1인분)	40~60℃	210kcal	20분	50분	프라이팬

- **재료 및 분량** : 쇠고기(살치살) 80g, 참송이 18g, 참기름 1.4㎖, 잣가루 1.4g
- **고기 양념** : 진간장 11㎖, 배즙 11㎖, 설탕 5g, 생강즙 1㎖, 꿀 1㎖, 다진 파 2.5g, 다진 마늘 1g, 깨소금 1.3g, 참기름 2.5㎖, 후춧가루 0.4g

mushroom story

구 분	조리 후 중량	적정배식온도	총열량	총가열시간	총조리시간	주요조리도구
중·고등학생	120g(1인분)	40~60℃	312kcal	20분	50분	프라이팬

- **재료 및 분량** : 쇠고기(살치살) 110g, 참송이 25g, 참기름 2㎖, 잣가루 2g
- **고기 양념** : 진간장 15㎖, 배즙 15㎖, 설탕 7.5g, 생강즙 1.5㎖, 꿀 1.5㎖, 다진 파 3.5g, 다진 마늘 1.5g, 깨소금 1.8g, 참기름 3.5㎖, 후춧가루 0.5g

mushroom story

참송이떡잡채

🍲 재료준비와 만드는 법

1. 가래떡은 4~5cm 길이로 잘라 길이로 4등분하여 끓는 물에 데친 후에 떡 양념에 30분 정도 재운다.
2. 참송이는 마른 수건으로 지저분한 부분을 닦아준 후에 얇게 찢어준다.
3. 쇠고기와 참송이는 각각 고기 양념에 재운다.
4. 양파는 길이대로 채 썰어 프라이팬에 소금을 약간 넣고 볶는다.
5. 당근은 떡과 같은 길이로 잘라 채 썰어 소금을 약간 넣고 볶는다.
6. 피망과 파프리카는 가늘게 채 썰어 프라이팬에 각각 소금으로 간을 하여 볶는다.
7. 달군 팬에 기름을 두르고 쇠고기와 참송이를 볶다가 나머지 채소를 넣고 함께 볶는다.
8. ⑦에 떡 양념에 재운 가래떡을 넣고 맛이 고루 배도록 뒤적이면서 볶는다.

Note 떡에 간이 잘 배지 않으면 떡 삶은 국물을 버리지 않고 3큰술 정도 두었다가 떡을 볶을 때에 함께 넣어준다.

구 분	조리 후 중량	적정배식온도	총열량	총가열시간	총조리시간	주요조리도구
초등학생	125g(1인분)	65~70℃	206kcal	20분	60분	프라이팬

- **재료 및 분량** : 가래떡 56g, 다진 쇠고기 14g, 참송이 14g, 양파 14g, 당근 7g, 피망 5g, 붉은 파프리카 5g, 소금 0.1g
- **고기 양념** : 간장 5.3㎖, 설탕 1.8g, 다진 파 1.8g, 다진 마늘 1.1g, 참기름 1.1g, 깨소금 0.7g, 후춧가루 0.1g
- **떡 양념** : 간장 4㎖, 참기름 2.5㎖

mushroom story

구 분	조리 후 중량	적정배식온도	총열량	총가열시간	총조리시간	주요조리도구
중·고등학생	175g(1인분)	65~70℃	286kcal	20분	60분	프라이팬

- **재료 및 분량** : 가래떡 80g, 다진 쇠고기 20g, 참송이 20g, 양파 20g, 당근 10g, 피망 7g, 붉은 파프리카 7g, 소금 0.1g
- **고기 양념** : 간장 7.5㎖, 설탕 2.5g, 다진 파 2.5g, 다진 마늘 1.5g, 참기름 1.5g, 깨소금 1g, 후춧가루 0.1g
- **떡 양념** : 간장 5㎖, 참기름 3.5㎖

mushroom story

부록 | 장현유 교수의 이색 버섯이야기

암을 이기는 신비의 버섯 『꽃송이버섯』

꽃송이버섯의 일본명은 하나비라타케(ハナビラタケ), 영명은 cauliflower mushroom(꽃양배추버섯), 중국명은 수구심(綉球蕈)이다. 꽃송이버섯은 한국, 일본, 중국, 북아메리카, 유럽, 오스트레일리아 등에 분포하며 씹는 맛이 좋고 송이와 같은 향이 나는 버섯이다.

야생에서 주로 8~9월에서 가을에 걸쳐 솔송나무, 전나무, 소나무 등 침엽수의 그루터기나 죽은 수목 등의 뿌리에 발생한다.

드물게는 너도밤나무, 메밀잣나무 같은 활엽수에서도 발견되며 덩어리를 형성하여 하얀 꽃 모양으로 자라는 꽃양배추형이고 흰목이와 비슷하게 생겼다. 비교적 흔하게 발견되는 버섯이 아닌 데다 암을 이긴다고 하여 이른바 '신비의 버섯'이라고도 한다. 비슷한 모양의 독버섯이 따로 없고 쉽게 꽃송이버섯을 알아낼 수 있다는 점 때문에 안심하고 먹을 수 있다.

꽃송이버섯은 일본 동경 약학대학의 연구팀에서 그 효능에 대하여 발표함에 따라 NHK 등 매스컴에서 큰 관심과 반응을 일으킨 후 암을 이기는 신비의 건강보조식품으로 인기를 끌게 되었다.

건조한 꽃송이버섯은 100g당 약 43.6g의 베타 글루칸이 함유되어 있다. 꽃송이버섯은 그동안 재배되어온 버섯 중 비교적 베타 글루칸 성분이 많이 들어 있다고 알려진 신령버섯(아가리쿠스)보다 3배 이상 높다.

베타 글루칸이란 포도당이 베타(β)결합으로 연결된 다당체로 항체 형성을 돕고 면역력을 높여주는 핵심 성분으로써 신체의 면역체계를 바로잡아 자연항생제의 역할을 한다. 또한 베타 글루칸은 항암뿐 아니라 고혈압, 당뇨병 등을 다스리는 것으로 높이 평가받아 관심이 집중되고 있다.

또한 꽃송이버섯은 β-1,3-글루칸의 함량이 다른 버섯에 비해 월등히 높으며, sparassol (methyl-2-hydroxy-4-methoxy-6-methyl-benzoate)과 같은 항균성 대사물질(antifungal metabolite)을 생산하는 것으로 알려져 있어 식용뿐만 아니라 약용으로도 가치를 인정받고 있다.

한국농수산대학 버섯학과

mushroom story

장현유 교수의 이색 버섯이야기 　부록

남북의 징검다리 『대왕버섯』

대왕버섯(*Pleurotus nebrodensis*)은 느타리속의 아위느타리라고도 불리는 아위버섯의 한 종류인데 국내에서 재배할 수 있도록 품종화한 것이다.

우리나라에서는 기존의 아위버섯과 다른 유전적 특성을 살려 '대왕버섯'이라는 신 균주로 특허등록되었으며 충남 홍성 지역을 중심으로 재배하고 있다.

대왕버섯은 대가 2~3cm, 갓의 지름이 10~15cm인데, 대는 짧고 굵으며 갓은 훨씬 커서 기존의 아위느타리와는 형태적으로 상이한 특성을 가지고 있다.

일본에서는 아위버섯을 백령지 또는 설할이라 부르고, 중국에서는 아위측이, 아위고 또는 백령고라 하는데, 식용버섯 중에서 가장 크고 맛과 향 그리고 육질이 좋아 '황제송이'라고도 불린다.

이 버섯은 향미가 풍부하여 식용으로 가치가 높고, 항종양, 항노화, 빈혈 완화, 혈압조절 및 혈당강하 효과가 우수하며, 위와 신장의 기능을 향상시키고 기침을 멈추게 하며, 염증을 제거하여 산부인과 질환에 유용하게 사용되는 것으로 알려져 있다.

또한 식이섬유, 아미노산 및 비타민 등을 다량 함유하고 있는데, 트립토판, 이소류신, 발린, 트레오닌, 페닐알라닌, 리신, 메티오닌 같은 필수 아미노산을 많이 함유하고 있으며 특히 음식의 맛을 풍부하게 하는 글루탐산이 풍부하다.

항산화 역할을 하는 비타민 E와 뼈를 튼튼하게 하는 비타민 D, 그리고 칼륨, 인, 마그네슘, 나트륨 등 무기성분도 풍부한 버섯이다.

대왕버섯은 결을 따라 찢어서 요리를 하면 특유의 식감을 느낄 수 있으며 튀김, 제육볶음, 고추장 볶음, 찌개, 탕 등 다양한 요리로 활용 가능하며 팬에 살짝 익혀 각종 채소와 함께 샐러드로도 잘 어울린다.

대왕버섯은 크기가 크고 손질이 쉬워서 가정요리뿐 아니라 학교, 외식업체, 군급식 조리에도 적합한 버섯으로 활용성이 매우 높은 버섯이다.

한국농수산대학 버섯학과

부록 | 장현유 교수의 이색 버섯이야기

향과 아삭아삭한 육질이 인상적인 『버들송이』

버들송이는 버드나무를 기주체로 발생하는 데서 이름이 붙여졌다. 봄에서 가을 사이에 활엽수, 특히 버드나무류와 단풍나무류의 죽은 줄기나 썩은 부분에서 다발로 발생한다. 일본과 한국, 북아메리카, 아프리카 등지에 분포한다.

갓과 대, 주름살, 턱받이로 이뤄지는데 갓의 표면은 성숙한 뒤에 주름이 생기며, 갓의 끝부분이 갈라지는 경우도 있다. 갓 색깔이 어려서는 짙은 갈색이다가 성숙하면서 연한 노랑이나 흰색으로 변한다. 인공재배한 것은 짙은 갈색이다가 성숙하면서 연한 갈색을 띠는데, 실내의 습도가 건조하면 자연상태와 같아진다. 버섯갓의 지름은 3~10cm, 대의 길이는 5~15cm이다. 국내에서는 1989년 농촌진흥청에서 '버들송이 1호'라는 품종으로 재배 방법을 확립, 농가에 보급했다. 온도와 습도, 환기, 빛 등 네 가지 조건 가운데 한 가지라도 맞지 않으면 기형으로 자라거나 전혀 발생하지 않을 정도로 배양하기 까다롭다. 봄~가을에 약 4개월 동안은 자연조건에 의한 하우스 시설 재배도 가능하지만 이 경우에도 배지를 입병하고 살균하여 배양하는 시설을 따로 갖춰야 한다. 이 버섯의 매력은 자연송이와 같은 향과 아삭아삭한 육질이다. 버들송이 요리는 구이·볶음·각종 국·불고기·잡채 등 다양한데, 버터구이나 소금구이 요리는 버섯 본연의 맛을 느낄 수 있다. 달군 팬에 살짝 볶아 다른 간 없이 그대로 즐겨도 좋다.

버들송이는 배양기간이 길어 재배가 까다롭지만 맛뿐만 아니라 항산화 활성·항암 활성 등 약리적 효과도 뛰어난 것으로 보고되고 있다. 일반적으로 버섯에 들어 있는 당질은 만니톨·아라비니톨 등 사람의 장에서 흡수 이용되기가 어려운 저분자 당이며 이와 함께 소화되기 어려운 섬유소가 많아 저칼로리 식품이라는 게 공통적인 특징이다. 또 버섯 속의 에르고스테롤은 빛과 열에 의해 비타민 D_2로 변화하며 비타민 B_1·B_2, 나이아신 외에 미량원소인 칼륨이 상당히 많고 인, 칼슘, 철 등도 함유되어 있다. 또 대부분의 버섯에는 버섯 특유의 감칠맛을 내는 유기화합물의 일종인 핵산(GMP, AMP) 성분이 들어 있다. 생체 항상성의 유지, 질병 회복 등을 비롯해 암·뇌졸중·심장병 등에 대한 예방과 개선 효과가 뚜렷하고 그 밖에 고지혈증 개선, 항혈전 효과, 혈압강하, 노인성 치매증 개선 등 여러 효과가 증명되었다.

한국농수산대학 버섯학과

항산화 활성이 높은 강원도의 버섯 『해송이』

해송이(*Hypsizigus marmoreus*)는 동해안 소나무 숲에서 자라는 송이과 느티만가닥버섯속 만가닥버섯의 일종인 야생버섯을 개량한 버섯이다.

가을철 활엽수 고목이나 그루터기에서 다발로 발생되는 송이과의 느티만가닥버섯은 다발성이 매우 강해 수많은 개체가 한꺼번에 발생된다고 하여 우리나라에서는 만가닥버섯이라고 부른다.

만가닥버섯에는 면역력을 높여주는 다당 단백질인 베타 글루칸이 다른 버섯에 비해 많이 함유되어 있어 강심작용과 비만억제 등 다양한 효능이 있는 것으로 알려져 있다.

현재 해송이는 강원도 영동권을 중심으로 재배되고 있는데, 강원도 동해안 해풍의 영향권에 있는 해변 내륙 소나무 숲에서만 자라는 매우 까다로운 생육환경 때문에 그동안 인공재배가 불가능한 것으로 알려져 왔으나 최근 재배기술이 개발되어 해송이를 마트에서도 쉽게 만날 수 있게 되었다.

일본에서는 부나시메지라는 이름으로 유통되고 있으며 맛이 좋아 최근 미국, 중국, 일본, 한국에서 소비량이 증가하고 있다.

유리 아미노산 함량이 높은 식재료일수록 음식의 맛이 좋은 경향을 보이는데 해송이는 유리 및 구성 아미노산 함량이 높고 특히 다른 아미노산의 맛을 강화시켜주는 글루탐산이 다량 함유되어 있어 해송이 특유의 좋은 맛을 내는 것으로 알려져 있다.

해송이는 칼슘, 칼륨, 마그네슘 그리고 인을 비롯한 무기질 성분이 풍부하고 단백질도 많이 함유되어 있으며, 특히 합성 항산화제 수준의 항산화 활성을 가지고 있어 항산화제 소재로서도 가치가 큰 버섯이다.

조직이 연하고 식감이 좋으며 다른 식재료의 맛을 해치지 않고 잘 어울리기 때문에 찌개, 잡채, 볶음, 불고기, 삼겹살 구이 등 다양한 요리와 잘 어울리는 버섯이다.

한국농수산대학 버섯학과

부록 | 장현유 교수의 이색 버섯이야기

고기와 찰떡궁합 『능이』

능이는 송이와 같은 외생균근균의 버섯으로, 나무와 공생을 한다. 그런 이유로 아직 인공재배에 성공하지 못해 더욱 귀하게 여겨진다. 또한 1능이, 2표고, 3송이라 불릴 정도로 맛과 향에서 으뜸으로 꼽히는 버섯이다. 향버섯·능얼·능혈이라고도 불리는 능이의 향은 흙 냄새·강한 풀 냄새·꽃향기·나무향·고기향·상큼한 우유향 등이 난다. 옛날 약이 귀할 때에는 고기를 먹고 체했을 때 소화제로 이용했고, 보관이 어려울 때에는 말려서 이용할 수 있어 제1의 자리를 지킬 수 있었다.

가을에 참나무 등 활엽수의 뿌리 주변에서 자라며, 해마다 같은 장소의 주변에서 여러 개의 버섯이 무리를 이뤄 발생한다. 배수가 잘 되며 직사광선이 아닌 은은한 햇빛이 들어오는 곳에서 잘 자라는데, 요즘은 낙엽층이 두꺼워 버섯이 자라는 데 장애요인으로 작용하여, 점차 개체가 줄어들고 있다. 능이 자생지는 경기도의 운악산·백운산·청계산·명지산 등 전국적으로 분포한다. 능이 채취 시 유의할 것은 개능이(무늬노루털버섯)와 구별하는 것이다. 개능이는 갓 윗면에 불에 그을은 것 같은 까칠까칠한 비늘이 없다.

성분은 유리 아미노산이 23종 들어 있으며, 지방산 10종과 미량 금속원소가 13종, 그 밖에 유리당이 들어 있다. 능이는 예부터 식용과 더불어 암에도 효과가 있어 약으로 쓰였다. 또 콜레스테롤을 감소시켜주는 효능이 있고, 특히 민간에서는 고기를 먹고 체했을 때 이 버섯을 달인 물을 소화제로 이용해왔는데, 이는 단백질 분해효소인 프로테아제를 함유하고 있기 때문이며 고기와 궁합이 잘 맞는다. 민간요법으로는 환절기의 목감기에 건조시킨 능이 10~30g에 물 1ℓ를 넣고 약한 불로 끓여 절반으로 줄이면 검은색의 국물이 되는데, 소금 간을 해서 뜨거울 때 조금씩 입안에 머금으며 삼키면 좋은 효과를 볼 수 있다.

능이는 살짝 데쳐서 고추장에 식초를 약간 가미한 소스에 찍어 먹는 것이 쌉쌀한 맛과 향을 제대로 즐길 수 있다. 향기가 진해서 예부터 진귀한 요리 재료로 쓰였으며, 추출물은 화장품으로도 이용되었다. 단 날것으로 먹으면 독성이 약간 있으므로 생식은 금한다. 위장에 염증과 궤양이 있는 사람은 먹지 않는 것이 안전하다.

한국농수산대학 버섯학과

장수를 상징하는 불로초 『영지』

영지(靈芝)는 건강장수를 상징하는 십장생도(十長生圖)를 비롯한 그림에 흔히 등장할 만큼 선망과 관심을 받았던 '불로초' 버섯으로 일본에서는 '만년버섯', 중국에서는 '신초, 선초, 불사초, 황제의 약' 등으로 불린다.

인간은 예로부터 많은 자손과 부귀장생을 최대 소망으로 보았다. 서기 221년 중국을 처음으로 통일한 진시황은 3천여 명의 후궁과 막대한 부귀는 소유하게 되었지만 불로장생만은 얻지 못했다. 그러던 중 동해의 어느 섬에 먹으면 장수를 누릴 수 있고 죽은 사람의 얼굴에 놓으면 생명이 소생한다는 영험한 버섯이 있다는 이야기를 듣고 이를 구하고자 우리나라와 일본에 사람을 보냈다는 설이 있는데, 그것이 바로 영지이다. 특히 양귀비가 절세의 미인으로서 마력을 지닌 것 역시 영지를 먹었기 때문이라는 이야기도 전해진다.

고서《신농본초경》에는 영지가 심산유곡 명산대처에 선인들이 내려와 노니는 선경에만 조용히 나는 신선초라고 하였다. 중국 명나라 때의 이시진이 편찬한 고서《본초강목》은 약의 효험을 상, 중, 하로 분류하였는데, 그중 '영지는 상약으로서 눈이 맑아지고 장을 보호하며 기억력 증진, 심기보강, 비장 보호, 콩팥을 돕고 악성종양을 치료하며 통증 해소, 자궁암, 장암 등에서 오는 출혈을 방지하고 오래 먹으면 몸이 가벼워지고 늙지 않으며 신선이 된다'는 기록이 있다.

또한 고서《동의보감》에도 '영지는 독이 없고 마음을 밝게 하여 위를 양생시키고 장수하며 안색이 좋아지고 배고픈 줄을 모르게 한다'고 하였다.

영지는 노화 억제, 면역 증강, 세포 활성화 등 많은 약효를 지니고 있다. 특히 신체가 허약한 사람, 폐 기운이 약해 기침과 가래가 많은 사람, 건망증이 심한 사람, 잘 놀라서 가슴이 뛰는 사람에게 좋다. 또한 강장, 진정제로도 쓰이며 불면증, 고혈압, 당뇨병, 저혈압증, 동맥경화, 항암제 등으로 이용되어 성인병 치료에 새롭게 각광받고 있으며 요즘에는 주로 인공재배에 의해 공급되고 있다.

한국농수산대학 버섯학과

부록 장현유 교수의 이색 버섯이야기

된장국과 튀김 맛이 일품인 『검은비늘버섯(황금버섯)』

검은비늘버섯(*Pholiota adiposa*)은 담자균류 주름버섯목 독청버섯과의 버섯으로 한국·중국·일본·유럽·북아메리카에 분포한다. 봄부터 가을에 걸쳐 참나무나 너도밤나무 등의 활엽수 그루터기나 죽은 가지에 다발로 발생한다. 북한에서는 이 버섯을 '기름비늘갓버섯'이라고 부른다. 버섯갓 표면은 황갈색이고 점성을 갖고 있으며 건조 시에 광택이 있다.

검은비늘버섯은 맛버섯과 매우 유사하며 일본에서 상당히 대중적인 버섯이다. 충북도농업기술원에서 '금봉이', 농촌진흥청에서 '진황'이라는 이름으로 검은비늘버섯을 개발했다. 일반 생산자들은 버섯의 전체적인 색택이 황금빛이어서 '황금버섯'으로 부른다. 전체적인 색택이 황금빛인데 버섯 이름에 검은비늘이라는 말이 왜 들어갔을까? 그것은 버섯의 갓 전면과 버섯 대에 인피(비늘)라고 하는 껍질이 있는데 처음에는 백색을 띤 삼각형 모양이나 떨어지면서 황갈색을 띠고 결국 검은색으로 변하기에 붙여진 이름이다. 비늘버섯류에는 검은비늘버섯, 꽈리비늘버섯, 땅비늘버섯, 비늘버섯, 개암비늘버섯, 진노랑비늘버섯 등이 있다.

맛버섯과 맛이 유사하지만 특히 씹는 느낌이 좋은 검은비늘버섯은 활엽수 톱밥을 이용한 인공재배가 가능하다. 균사를 배양할 때 고온 피해를 막기 위해 실내온도는 22~23℃를 유지한다. 검은비늘버섯을 발생시킬 때의 온도는 15±1℃가 가장 좋고, 버섯이 자라는 생육실의 상대습도는 90% 이상을 유지해야 한다. 만일 버섯 생육실의 습도를 높게 관리하면 버섯갓 위에 끈적끈적한 점액성이 증가하고 버섯갓 색택이 진해진다. 그러므로 공기를 충분히 순환시켜 습도를 조절해줘야 고품질의 버섯을 생산할 수 있다. 또한 고품질 버섯을 생산하려면 갓 직경이 3cm 내외로 갓이 피기 직전에 수확해야 한다. 검은비늘버섯은 항고혈압성 ACE 저해물질 함유, 항산화 물질, 면역조절 물질 및 항암활성, 항종양 및 항균 효과 등이 알려져 있는데 단순 조리방법 외에 가공식품에 관한 연구는 거의 없다. 식용버섯이지만 약간의 독성이 있어 구토나 설사를 일으키는 경우가 있으므로 날것으로 먹지 않는 것이 좋으며 버섯 알레르기가 있는 체질의 사람은 충분한 주의가 필요하다. 이 버섯은 특히 기름에 튀기거나 볶았을 때 그 맛이 일품이다. 또한 라면이나 우동, 된장국 등에 넣어도 맛이 훨씬 좋아진다.

한국농수산대학 버섯학과

버섯차 마시는 법 **부록**

버섯차

| **주재료** : 상황버섯 건조한 것 1ts, 황금버섯 건조한 것 1ts, 물 300㎖

만드는 순서

01 상황버섯이나 황금버섯을 적당한 크기로 잘라 분쇄기로 곱게 갈아 놓는다.
02 밀봉용기에 담아 놓고 버섯 가루 1ts을 차 주전자에 넣는다.
03 끓여 한소끔 식은 물(80℃)을 붓고 우려내 놓는다. 버섯과 물을 함께 넣고 끓여서 먹는 것은 버섯의 약리학적 영양분이 손실되므로 잘못된 음용법이다.
04 아침, 취침 전 공복에 수시로 마신다.

TIP 맛 & 멋내기

- 상황버섯 자르기 : 신문지로 싸서 수건을 덮고 망치로 부순다.
- 황금버섯이 눅눅하여 분쇄가 어려울 때는 신문지로 싸서 전자렌지에 약하게 돌린다. 전문음식점에서는 시원한 버섯차보다는 60~80℃의 따뜻한 버섯차의 선호도가 높게 나타났다.
- 상황 우려낸 물이 탁해 보이면 상하지 않았는지 확인한 후 마신다.

mushroom story

부록 일반 시판 버섯 중 식용·독버섯 구분하기

● 시중이나 재래시장에서 판매되고 있는 버섯들

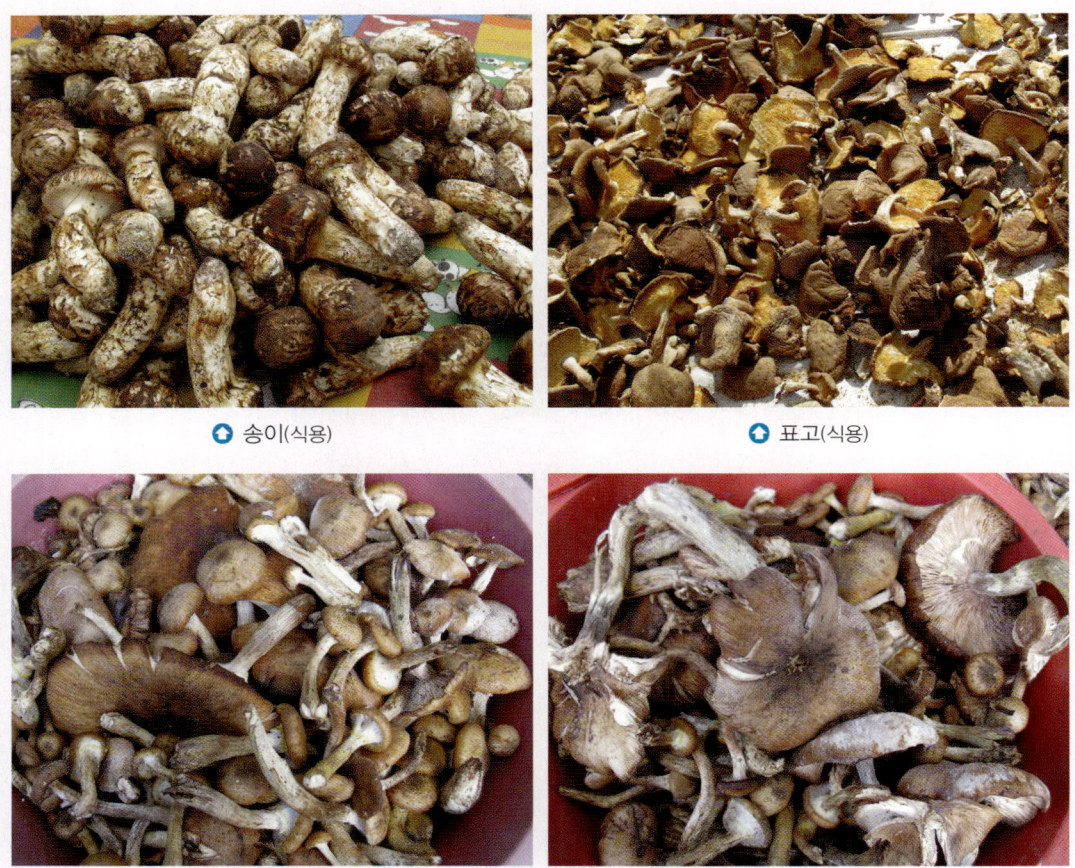

⬆ 송이(식용)　　　　　　　　　　　⬆ 표고(식용)

⬆ 뽕나무버섯(생식하면 중독)

일반 시판 버섯 중 식용·독버섯 구분하기 **부록**

⬆ 능이(향버섯, 식용)

⬆ 뽕나무버섯(생식하면 독)

⬆ 삿갓외대버섯(독)

⬆ 벚꽃버섯(식용)

⬆ 싸리버섯류(독)

부록 일반 시판 버섯 중 식용·독버섯 구분하기

◐◐◐ 삿갓외대버섯(독)

◐ 불로초(영지, 약용)

◐ 뽕나무버섯(생식하면 독)

부록 | 일반 시판 버섯 중 식용·독버섯 구분하기

⬆ 능이(향버섯, 식용)

⬆ 표고(식용)

⬆ 삿갓외대버섯(독)

⬆ 뽕나무버섯(생식하면 독)

mushroom story

■ 참고문헌

1. 『표고버섯 새로운 재배와 경영』 농민신문사, 1995
2. 『버섯 성공적인 경영기법』 농민신문사, 1999
3. 『버섯의 모든 것』 경기도 농업기술원 버섯연구소, 2003
4. 『표준영농교본 느타리버섯』 농촌진흥청, 2004
5. 『행복한 버섯요리』 문예마당, 2006
6. 『버섯학』 자연과 사람, 2010
7. 『신비로운 19가지 버섯이야기』 농촌진흥청, 2011
8. 『2013 한국의 버섯목록』 한국균학회, 2013
9. 『숲속의 독버섯』 국립산림과학원, 2014
10. 『숲속의 식용버섯』 국립농업과학원, 2014

면역력 증진을 위한

기능성 버섯요리

초판인쇄 | 2014년 11월 17일
초판발행 | 2014년 11월 20일

지은이 | 한춘섭·심기현·박기문·석순자·장현유·이송화
펴낸이 | 고명흠
펴낸곳 | 푸른행복

출판등록 | 2010년 1월 22일 제312-2010-000007호
주   소 | 서울 서대문구 세검정로 1길 93(홍은1동 455번지) 벽산아파트상가B/D 304호
전   화 | (02)3216-8401~3 / FAX (02)3216-8404
E-MAIL | munyei21@hanmail.net
홈페이지 | www.munyei.com

ISBN 979-11-5637-013-0 (13590)

* 잘못된 책은 구입하신 곳에서 교환해 드립니다.
* 이 책은 농협중앙회(인삼특작부)와 버섯전국협의회의 지원을 받아 제작되었습니다.
※ 이 도서의 국립중앙도서관 출판예정도서목록(CIP)은 서지정보유통지원시스템 홈페이지(http://seoji.nl.go.kr) 와 국가자료공동목록시스템(http://www.nl.go.kr/kolisnet)에서 이용하실 수 있습니다. (CIP제어번호: CIP2014032132)